Texte: Dr. Matthias Riedl / Anna Cavelius
Rezepte: Katharina Henze
Fotos: Maria Grossmann und Monika Schürle

20%
Verhalten ändern

DR. RIEDLS
20:80
EXPRESS-KÜCHE

80%
Essgewohnheiten behalten

Genuss auf die Schnelle

REZEPTE

LIEBER LESERIN, LIEBER LESER,

nachdem sich so viele meiner Patienten am medicum Hamburg, dem Zentrum für Diabetes, Prävention und Ernährungsmedizin, und Tausende von Lesern begeistert von dem **Erfolgskonzept 20:80** gezeigt haben, haben wir uns entschieden, ein neues Kochbuch aufzulegen.

Abnehmen mit einer Ernährungsumstellung anhand der 20:80-Methode funktioniert, weil hier **der Mensch im Mittelpunkt** steht – mit seinen Vorlieben, Gewohnheiten und Bedürfnissen. Und die sind bei jedem von uns anders. 20:80 hilft dabei, ernährungsbedingte Krankheiten zu heilen. Mit der Methode kann aber auch jeder, wenn er es möchte, **in Eigenregie gesund abnehmen und sicher sein gesundes Wohlfühlgewicht erreichen**. Das 20:80-Prinzip wird in vielen Arztpraxen zur Eigentherapie empfohlen, es ist die erste langjährig erprobte Methode auf dem deutschen Buchmarkt. Oft höre ich von Patienten, dass ein Diabetes verschwunden ist oder 20 Kilo dauerhaft verloren wurden.

Das 20:80-Prinzip eignet sich für alle, die sich gesund ernähren, abnehmen oder Krankheiten verhindern wollen. Zeit spielt dabei nicht nur für Menschen eine große Rolle, die eng getaktet sind. Wer im Alltag doppelt oder dreifach belastet ist, **spart die Minuten dann oft beim Essenzubereiten.** Das gilt aber auch für jeden, der zwar gerne gut isst, aber nicht so gerne lange dafür in der Küche stehen will oder nicht so viel Kocherfahrung hat.

Das **Grundbedürfnis nach schnell und lecker** kann man immer auf verschiedene Arten stillen: Indem man zu einem Fertiggericht oder Mitnehm-Food greift, oder sich in die Küche stellt und in 15–20 Min. fix selbst etwas Gutes kocht. Nun bin ich, wie viele Leser und Zuschauer wissen, beim Kochen und Essen ein großer Verfechter von »alles erlaubt«. Denn aus der Ernährungspsychologie wissen wir, dass jedes strikte Verbot kontraproduktiv ist. Bei Fertiggerichten neige ich allerdings zu einem »Lieber-nicht«, denn diese Mahlzeiten sind nicht gut für Sie – und das vor allem aus zwei Gründen: 1. Zusatzstoffe, viel Zucker, Salz, meist schlechte Kohlenhydrate und Fette werden dort schon aus Kostengründen garantiert. 2. Sie verlernen das Kochen und Schmecken oder lernen es erst gar nicht. Dabei sind das zwei der wichtigsten Säulen bei einem **erfolgreichen Gewichtsmanagement**. Neueste Studien wie die »Global Burden of Disease« geben Fertig-Food sogar die Schuld an weltweit jährlich 11 Millionen Toten.

Deshalb gibt es jetzt die neue Rezeptsammlung für die 20:80-Expressküche. So sind Sie garantiert auf der sicheren Seite, was die Nährstoffkombination angeht, und können mit den übrigen Tools aus der 20:80-Methode nach Wunsch abnehmen, Ihr Gewicht halten und morgens, mittags und abends genussvoll essen. Und das ohne unnötigen Zeitverlust beim Kochen! Mit den mehr als 70 wunderbaren, von meinen erfahrenen Teammitgliedern Katharina Henze, Josephine Danneberg, Johanna Brenke und Deniz Genca kreierten Genussrezepten in diesem Buch werden Sie in Expresszeit zum Meisterkoch, versprochen!

Guten Appetit wünscht Ihnen

Ihr Dr. Matthias Riedl

DIE ABNEHM-GARANTIE

SICH SATT ESSEN, SCHLANK BLEIBEN

Abnehmen funktioniert, wenn wir so essen, wie es zu uns passt. Dieser individualisierte Ansatz wird im 20:80-Prinzip verfolgt. Sie haben es dabei selbst in der Hand, sich KLEINE machbare Ernährungsziele zu setzen und so Ihre Ernährung auf gesund und schlank machend zu programmieren. Das klappt auch mit wenig Zeit und gibt Ihnen die Anti-Jo-Jo-Effekt-Garantie.

»ICH WILL DOCH ABNEHMEN!«

Das ist einfach gesagt, doch tut sich jede(r) schwer damit. Deshalb erstens: Verabschieden Sie sich von Diäten. Zweitens: Erstellen Sie zum Abnehmen Ihren eigenen Plan. Drittens: Kochen Sie ab heute einfach selbst!

ABNEHMEN? NICHT EINFACH!

Viele Menschen sind davon überzeugt, dass sie selbst schuld daran sind, wenn sie zu viele Pfunde mit sich herumschleppen. Sie denken, es fehle ihnen an Selbstdisziplin, weil sie sich nicht regelmäßig bewegen und das Falsche essen. Natürlich sind das zwei starke Faktoren, doch ganz so einfach ist es nicht. Außerdem führt eine solche Selbsteinschätzung dazu, dass man das Projekt »Gesundes Gewicht« schnell mal aus den Augen verliert, weil es ja eh nicht funktioniert. Das wiederum frustriert, ist nicht gut fürs Selbstbewusstsein und nachweislich auch riskant für die Gesundheit: Übergewicht gilt mittlerweile als eigenständiger Risikofaktor für Herz-Kreislauf-Erkrankungen, Stoffwechselstörungen, Krebs und viele andere Krankheiten.

Diät für alle war gestern

Der aktuelle Stand der Forschung zeigt, dass Gene, Psyche oder auch bestimmte Schadstoffe aus der Umwelt beim Zunehmen eine Rolle spielen. Welche Gene das genau sind und über welche Mechanismen sie wirken, ist noch nicht endgültig geklärt. Nach dem neuesten Stand der Forschung sieht es aber so aus, als ob das Abnehmen bei jedem Menschen unterschiedlich funktioniert. Das heißt: Für jeden Abnehmwilligen mit ein paar oder mehr Pfunden zu viel gibt es einen eigenen Weg, diese loszuwerden. Eine Diät für alle hingegen kann gar nicht greifen, weil jeder aus anderen Gründen zunimmt. Die Folge: der gefürchtete Jo-Jo-Effekt mit dem schnell wieder erreichten Ausgangsgewicht und meist noch ein paar Kilos mehr.

Ihren erfolgreichen Abnehmweg können Sie für sich herausfinden. Das geht so: Um langfristig weniger Energie aufzunehmen, als Sie Tag für Tag verbrauchen – denn darin besteht das Geheimnis jeder Abnehmform –, bauen Sie im Rahmen der 20:80-Methode einen Aktionsplan aus mehreren kleinen, machbaren Schritten. Denn das ist der Kern des Konzeptes: individuelle, machbare Veränderungen, die Ihnen schmecken und Sie satt machen. Tauschen Sie idealerweise nur DIE Gewohnheiten aus, die Sie hauptsächlich daran hindern, abzunehmen. Achtung: höchstens 20 % der

SCHADSTOFFE, DIE DICK MACHEN

Studien haben gezeigt, dass bestimmte Schadstoffe bei Übergewichtigen häufiger nachweisbar sind als bei Menschen mit Normalgewicht. Dabei handelt es sich um Chemikalien, die den Hormonkreislauf beeinflussen (sogenannte endokrine Disruptoren). Sie stecken zum Beispiel als Weichmacher in Plastikflaschen und Verpackungen von Fertiglebensmitteln sowie in Kosmetika und Spielzeug.

Gewohnheiten ändern – weniger ist mehr! Diese Maßnahmen entwickeln Sie, indem Sie zunächst Ihre Essgewohnheiten unter die Lupe nehmen. Der Ernährungs-Check (s. ab S. 12) hilft Ihnen dabei. Wichtig: Überfordern Sie sich nicht! Das fördert nur das Scheitern. So kommen Sie langsam, aber sicher zu Ihrem Abnehmziel.

Normal essen?

Eigentlich weiß fast jeder von uns, wie er sich ernähren soll, um schlank zu werden und es zu bleiben. Das erklären namhafte Ernährungswissenschaftler seit Jahrzehnten. Begonnen hat dies vor dem Hintergrund, dass um die Jahrtausendwende erste Studien publiziert wurden, die eine weltweite Fettleibigkeitsepidemie und explodierende Gesundheitskosten voraussagten. Nur habe dieses Wissen die tatsächliche Ernährungsweise nicht verbessert, schrieb der wissenschaftliche Direktor des Deutschen Instituts für Ernährungsforschung (DIfE) Wolfgang Meyerhof im Jahresbericht 2007. Bevorzugt werde weiterhin eine »wenig sättigende, kalorienreiche Kost, die das Entstehen von Übergewicht begünstigt«.

Nicht alles Süße ist beim 20:80-Prinzip verboten.

ESSEN MIT GEFÜHL

Woran liegt das? Essen und Trinken sind zum Großteil emotional gesteuerte Verhaltensweisen. Sie lassen sich durch »vernünftige« Botschaften nicht beeinflussen, weshalb diese genauso wenig hilfreich sind wie Schockbilder auf Zigarettenpackungen, die Raucher vom Nikotin abhalten sollen. Vereinfacht gesagt: Wenn ein Mensch Pizza, Pasta und ein, zwei Bier lecker findet, kann man ihm diese nicht vermiesen. Hinzu kommt heute ein Umfeld, in dem kalorienreiche Nahrung immer und überall verfügbar ist. Das führt dazu, dass viele Menschen mehr Energie zu sich nehmen, als sie durch Aktivität verbrauchen. Wer dann noch zu einem chaotischen Essverhalten neigt und bei Stress oder Niedergeschlagenheit isst, um sich zu belohnen, der nimmt überproportional zu und kann schließlich gar nicht mehr abnehmen. Ein »aktives Gewichtsmanagement« wird unmöglich. Wer also Gewicht reduzieren will, muss sich selbst, seine Gefühle und genauso sein Umfeld im Auge behalten. Auch hier lässt sich mithilfe des Aktionsplans der 20:80-Methode ansetzen, für den Sie ganz persönliche Ziele formulieren, die zu Ihrer Lebenssituation und Ihrem Esstyp passen. Finden Sie heraus, was für Sie wichtig ist und was Sie ändern sollten und auch ändern können.

DER TRICK: EXPRESSKOCHEN

Einer der besten Tricks für Ihren 20:80-Aktionsplan besteht darin, selbst zu kochen – und zwar auch, wenn man eigentlich keine Zeit dafür hat. Das Ganze mit »echten« Lebensmitteln, garantiert ohne unerwünschte Zusatzstoffe. So kommt man auch ganz einfach um Fertigmahlzeiten herum, die letztlich meist vor allem Fett und Zucker enthalten. Selbstgekochtes mit frischem Gemüse und Co. schmeckt wunderbar und man hat – mit den Rezepten aus diesem Buch – schnell ein Erfolgserlebnis. Sie werden sehen: Wenn Sie die Expressküche zu Ihrem täglichen Wohlfühlritual werden lassen, haben Sie nicht nur immer etwas Besseres auf dem Teller, Sie nehmen auch ganz von selbst ab.

UNSER BIOLOGISCHES ERBE:

PFUNDE SAMMELN

Dickwerden ist leichter als Abnehmen – und geht leider auch viel schneller. Die Gründe dafür hat jeder schon gehört: null Bewegung, zu viele schnelle Kohlenhydrate, zu wenig Gemüse, … Doch es gibt noch mehr Ursachen, warum wir Gewicht zulegen. Gegen alle lässt sich etwas machen!

GEWOHNHEITEN

Ein erlerntes falsches Essverhalten gilt als wichtigste Ursache für zu viele Pfunde. Leider wird das früh im Leben geprägt. Es kann aber lebenslang bewusst verändert werden. Dabei ist nicht nur wichtig, wie viel und was man in 24 Std. zu sich nimmt, sondern auch, warum und wie man isst.
Aktionsplan: Hier kann man umlernen, indem man beginnt, sich mit dem Kochen zu beschäftigen, und für sich selbst Essrituale einführt. Natürlich sollte Ihnen vorher klar geworden sein, weshalb Sie sich ungünstig ernähren.

SÜSSGETRÄNKE

Mit Zucker gesüßte Erfrischungsgetränke, Säfte, Nektare und Alkoholika machen im Vergleich zu vielen festen Lebensmitteln kaum satt, liefern aber schnelle Kohlenhydrate und Kalorien.
Aktionsplan: Auf eine ausreichende Flüssigkeitszufuhr achten durch Wasser (s. S. 25), ungesüßte Tees und Kaffee. Saft zunehmend stärker verdünnen. Tipp: Sauerkirschsaft enthält 30 % weniger Zucker als Traubensaft (am besten verzichten Sie langfristig auf Saft).

GUTER FUTTERVERWERTER

Hier wirken mehrere Faktoren: Die Genetik legt den Energiebedarf und die Wärmeregulation fest. Dabei spielt auch die Ernährung der Mutter während der Schwangerschaft eine Rolle: Hat sie hungern müssen oder war übergewichtig, werden Informationen auf unseren Erbanlagen codiert, die uns zu guten Futterverwertern machen – und damit dick.
Aktionsplan: Mit der richtigen Mischung aus Ausdauer- und Kraftsport erhöhen Sie den Verbrauch – sogar in Ruhe.

GENETIK

Übergewicht wird zu einem gewissen Teil durch entsprechende Veranlagung gefördert, ist also genetisch bedingt, allerdings auch stark durch in der Kindheit erlerntes Essverhalten. Daher hat jeder, unabhängig von seinen Genen, einen gewissen Einfluss auf sein Gewicht und ist nicht automatisch zum Dicksein verdammt.

Aktionsplan: Bewegung und gesunde Ernährung helfen – gerade, wenn es in der Familie viele Übergewichtige gibt.

SCHILDDRÜSENALARM

Ist die Schilddrüse aus dem Lot und produziert weniger Hormone, nimmt man häufig zu, auch bei einer gesunden Ernährung. Der verlangsamte Stoffwechsel kann übrigens auch eine der Begleiterscheinungen bei Hashimoto-Thyreoiditis sein, von der 10 Millionen Deutsche betroffen sind, vor allem Frauen.

Aktionsplan: Auch bei Schilddrüsenunterfunktion bietet eine Ernährung, die auf wenig Kohlenhydrate, gesunde Fette und ausreichend Eiweiß setzt, langfristig die besten Aussichten. Lassen Sie sich von Ihrem Hausarzt beraten!

WECHSELJAHRE

Durch das Absinken der Hormone Östradiol, Progesteron und auch das in den Nebennieren hergestellte männliche Geschlechtshormon Testosteron legen Frauen in den Wechseljahren vor allem am Bauch noch zu. Das macht biologisch Sinn, denn das weibliche Fettgewebe ist jetzt der wichtigste Östrogenproduzent neben den Eierstöcken.

Aktionsplan: Ein Wohlfühlbauch ab »45 plus« ist okay, ein Bauchumfang ab 80 cm (bei Männern ab 94 cm) jedoch kritisch. In jedem Fall sollten vor allem Frauen darauf achten, dass sie ihre Muskelmasse am Bauch und insgesamt erhalten!

DARMMIKROBIOM

Die Billionen von Bakterien in unserem Darm beeinflussen den Immunschutz, unsere Gesundheit und auch das Körpergewicht. Eine französische und eine dänische Studie, die 2013 in der Zeitschrift Nature veröffentlicht wurden, zeigten: Je einseitiger die mikrobielle Besiedlung im Darm, desto eher neigt man zu Übergewicht.

Aktionsplan: Eine Ernährung, die dank reichlich Gemüse und Hülsenfrüchten viele Ballaststoffe enthält, unterstützt eine schlank machende Darmflora.

DER MENSCH IST, WAS ER ISST

Jeder isst anders. Fünf Verhaltensmuster tauchen jedoch beim Essen und Trinken immer wieder auf. Aus diesen Esstypen lassen sich die ersten Maßnahmen für Ihren 20:80-Aktionsplan ableiten.

WELCHER ESSTYP BIN ICH?

Sich selbst richtig einzuschätzen, bringt einen im Leben weiter – weil man sich leichter tut, klare und passende Entscheidungen zu treffen. Das gilt auch bei einer Ernährungsumstellung. Wenn Sie sich in einem der fünf 20:80-Esstypen wiedererkennen, unterstützt Sie das bei dem Projekt, Ihr Wunschgewicht zu erreichen und es später zu halten. Je klarer Sie Ihr Ess- und Trinkverhalten benennen können, desto leichter tun Sie sich damit, konkrete Maßnahmen für den Aktionsplan zu formulieren.

DAS TELLERPRINZIP

Für alle Esstypen gilt diese Empfehlung, die sich auf die Verteilung von Lebensmitteln beziehungsweise Nährstoffen auf dem Teller bezieht – und zwar bei den Hauptmahlzeiten mittags und abends:

* ½ Teller (50 %) Gemüse oder Salat,
* ⅓ Teller (30 %) Eiweiß aus Hülsenfrüchten, Eiern, Milchprodukten (Joghurt, Quark, Käse), Fisch, Geflügel, Fleisch,
* ⅕ Teller (20 %) Kohlenhydrate – aus Brot, Nudeln, Reis (jeweils die Vollkornvariante bevorzugen!) oder Kartoffeln – am besten in Kombination mit hochwertigem Pflanzenöl, Saaten und Nüssen.

Lesen Sie sich die Porträts der fünf 20:80-Esstypen auf den nächsten Seiten durch und ordnen Sie sich entsprechend zu – es kann übrigens auch sein, dass Sie sich in zwei Typen wiederfinden und Sie eher ein Mischtyp sind. Zu jedem Typ finden Sie eine kleine Liste mit Maßnahmen für Ihren Aktionsplan sowie einen Vorschlag für einen Tagesessplan.

Die Ernährungsbiografie umschreiben

Bestimmte Verhaltensweisen beim Essen entstehen durch in früher Kindheit erlernte Geschmacksvorlieben und Essgewohnheiten, die einem vorgelebt wurden in dem Umfeld, in dem man groß wurde. Mit Essen ist also immer eine individuelle Lebensgeschichte verbunden. Das erklärt zu einem Teil, warum kein Mensch radikale Änderungen im Essverhalten von heute auf morgen umsetzen kann. Trotzdem lassen sich ungünstige Ernährungsmuster überwinden: Für jeden von uns ist es ganz einfach, bestimmte Lebensmittel neu zu entdecken und andere weniger häufig auf dem Teller zu haben. So kann man sich beispielsweise mit der großen, bunten Familie der Linsen anfreunden und bekommt auf diese Weise zum einen mehr Farbe auf den Teller und gleichzeitig eine Riesenportion gesundes Pflanzeneiweiß mit darmgesunden Ballaststoffen. Oder man übt, Zucker mehr und mehr wegzulassen, indem man in einem ersten Schritt von gesüßten Getränken auf ungesüßte umsteigt (und massenweise Kalorien einspart!). So lassen sich Erfahrungen korrigieren, bestimmte Lebensmittel in einen neuen Kontext bringen und man lernt, Unbekanntes oder bislang nicht Gemochtes zu lieben. Der Weg ist dabei immer individuell und wird von Ihnen selbst bestimmt. Mein Tipp: Seien Sie bewusst offen für Neues!

DER ESSPRAKTIKER

Typisch: Es muss schnell gehen, schmecken, lecker aussehen, leicht erhältlich sein, unaufwendig in der Zubereitung und nicht zu teuer. Seine Favoriten sind Fertiggerichte aus dem (Tief-)Kühlregal oder Essen vom Bäcker, Metzger oder Restaurant. Er kauft fast immer die gleichen Lebensmittel.

→ Mögliche Punkte für den 20:80-Aktionsplan:

- **Maßnahme: Ich bereite mir möglichst jede Mahlzeit selbst zu.** Erstellen Sie anhand der Rezepte einen Speiseplan für eine Woche.
- **Maßnahme: Ich mache mir jeden Morgen ein Frühstück, das gut bis mittags satt macht.** Schon abends alles für ein Frühstück zu Hause oder im Büro vorbereiten.
- **Maßnahme: Ich gönne mir jeden Tag eine Mittagspause von ca. 45 Min.** Die Mittagspause in den Arbeitskalender eintragen oder lassen sich vom Smartphone erinnern lassen.
- **Maßnahme: Ich achte mittags und abends auf meinen halben Teller Gemüse oder Salat.** In Restaurant oder Kantine als Erstes Gemüse oder Salat bestellen. Oder: von zu Hause mitbringen.
- **Maßnahme: Ich trinke nur Wasser sowie ungesüßte Tees und Kaffee.** Haben Sie Ihr Getränk immer dabei.
- **Maßnahme: Ich genieße jede Mahlzeit und jeden Bissen.** Zelebrieren Sie Frühstück, Mittag- und Abendessen, machen Sie es sich schön und genießen Sie die Pause.

→ Beispiel für einen Tagesplan:
Probieren Sie doch mal ein Hüttenkäse-Müsli zum Frühstück (s. S. 33), mittags die Mediterrane Hähnchenpfanne (s. S. 98) und den Grünen Gazpacho zum Abendessen (s. S. 106).

DER FEINSCHMECKER

Er liebt Zeit zum Einkaufen, Essenzubereiten und Genießen sowie Geschäfte und Restaurants, in denen er die Lebensmittel bzw. Mahlzeiten bekommt, die seinen Qualitätsansprüchen genügen. Er isst nach Belieben und ohne Berücksichtigung von Nährwerten und deren Verteilung auf dem Teller, abends hat er häufig Süßhunger.

→ Mögliche Punkte für den 20:80-Aktionsplan:

- **Maßnahme: Ich plane jeden Tag drei sättigende Mahlzeiten ein.** Vorbereitung ist alles. Das gilt fürs Frühstück ebenso wie für die Büromahlzeit mittags zum Mitnehmen.
- **Maßnahme: Ich achte mittags und abends auf meinen halben Teller Gemüse oder Salat.** Als Erstes Gemüse oder Salat bestellen.
- **Maßnahme: Ich esse nur einmal pro Tag etwas Süßes.** Mittags ein Dessert oder abends

ein Stück feine Zartbitter-Schokolade genießen.

- **Maßnahme: Ich trinke jeden Tag ausreichend.** 30–40 ml / kg Körpergewicht sollten es sein, am besten: Wasser, ungesüßter Tee, maßvoll Kaffee.
- **Maßnahme: Ich genieße nur einmal pro Woche alkoholische Getränke.** Zum Essen statt Wein und Bier Teesorten ausprobieren – oder Wasser trinken. Alkohol macht nicht satt, sondern hungrig und gilt daher als Dickmacher.

→ Beispiel für einen Tagesplan:
Der Feinschmecker frühstückt gern Nuss-Pancakes (s. S. 38), genießt mittags den Amarantsalat mit Räucherlachs (s. S. 134) und abends einen Spargelsalat mit Erdbeeren und Feta (s. S. 133).

DER NATÜRLICH-ESSER

Gesundheit ist ihm heilig und Ernährungstrends kennt er aus dem Effeff. Mit gesunder Ernährung beschäftigt er sich wie mit einem Hobby, auch bei Lebensmitteln und Nährstoffen weiß er Bescheid. Selbstkochen gehört für ihn – natürlich! – zum Alltag. Als Obstfan isst er oft zu viel Fruchtzucker.

→ Mögliche Punkte für den 20:80-Aktionsplan:

- **Maßnahme: Ich achte mittags und abends auf meinen halben Teller Gemüse oder Salat.** Kohlenhydrate bekommen ab jetzt noch maximal 20 % Platz auf dem Teller, Vollkorn ist o.k.
- **Maßnahme: Ich achte auf ausreichend gesunde Fette zum Essen.** Morgens, mittags und abends 1 EL Olivenöl oder mittags stattdessen 10 Nüsse (Mandeln, Pistazien, Walnüsse).
- **Maßnahme: Ich achte auf meine individuelle Eiweißportion pro Mahlzeit.** Auf S. 18 können Sie Ihren Eiweißbedarf ausrechnen und nachlesen, welche Lebensmittel günstig sind.
- **Maßnahme: Ich plane drei sättigende Mahlzeiten pro Tag.** Vergessen Sie »Fünf-am-Tag« – denn Snacken ist ungünstig. Auch zuckerreiche Obstportionen oder Müsliriegel zwischendurch füttern Ihr Energiekonto.
- **Maßnahme: Ich halte zwischen den Mahlzeiten mind. 5 Std. Pause ein.** Bei Heißhunger ein großes Glas Wasser trinken, Möhren oder Gurkenscheiben essen, ein paar Nüsse oder einen kleinen Becher Magerquark, mit 1 EL Olivenöl und Kräutern verrührt, essen.

→ Beispiel für einen Tagesplan:
Der Natürlich-Esser isst morgens Möhren-Nuss-Porridge (s. S. 37), mittags Rosenkohlauflauf mit Hackfleisch (s. S. 100) und abends Sprossensalat mit Roter Bete und Apfel (s. S. 126).

DER KALORIENSPARER

Typisch für ihn: Egal ob Kalorien, Joule oder Energiedichte – er weiß einfach alles über den Energiewert von Lebensmitteln und darüber, was dick machen könnte. Die verschiedensten Diäten kennt er in- und auswendig, trotzdem ist er übergewichtig. Essen bedeutet für ihn in erster Linie Kalorienaufnahme und Gefahr.

→ Mögliche Punkte für den 20:80-Aktionsplan:

- **Maßnahme: Ich versuche, das Kalorienzählen zu beenden.** Finger weg von Diäten! Sie machen dick und das Leben schwer.
- **Maßnahme: Ich esse mich jeden Tag dreimal satt.** Lernen Sie sättigende Lebensmittel kennen: Gemüse und Eiweiß – also Hülsenfrüchte, Eier, Milchprodukte, Fleisch, Fisch. Kalorien sind dabei egal!
- **Maßnahme: Ich achte auf meine individuelle Eiweißportion pro Mahlzeit.** Auf S. 18 können Sie den Eiweißbedarf ausrechnen und lesen, welche Lebensmittel proteinreich sind.
- **Maßnahme: Ich plane zum Beispiel immer für Freitag und Sonntag normale Esstage ohne Kalorienlimit.** Weiten Sie dieses Prinzip allmählich auf die ganze Woche aus.
- **Maßnahme: Ich plane jede Woche einen Genusstag ein.** An diesem Tag ist alles erlaubt (dreimal täglich)!

→ Beispiel für einen Tagesplan:
Der Kaloriensparer trinkt morgens gern nur einen Apfel-Nuss-Smoothie (s. S. 52), isst mittags ein Minutensteak mit Thymiansauce (s. S. 104) und abends einen Fenchelsalat (s. S. 116).

DER GEWOHNHEITSESSER

Irgendwie ist jeder Mensch ist Gewohnheitsesser, weil jeder von uns seine ganz eigene Ernährungsbiografie hat. Meistens mischt sich dieser »Typ« mit einem der anderen vier. Typisch sind Verhaltenssüchte wie die Tafel Schokolade pro Tag, das Stück Kuchen am Nachmittag, das Stück Fleisch auf dem Teller, die Chips vor dem Fernseher, …

→ Mögliche Punkte für den 20:80-Aktionsplan (Hilfreich sind hier auch alle Maßnahmen, die bei den anderen Typen genannt sind):

- **Maßnahme: Ich darf alles ein bisschen weniger.** Bei Schokoliebe die Menge ganz einfach reduzieren, indem Sie Zartbitter-Schokostückchen einfrieren und diese dann lutschen.
- **Maßnahme: Ich esse statt Fleisch einmal pro Woche Hülsenfrüchte.** Es darf auch ein Tofuschnitzel sein! Probieren Sie es aus.
- **Maßnahme: Ich reduziere das Naschen.** Wie wäre es statt Schokolade mit einer Kaffeespezialität? Oder suchen Sie sich im Teeladen einen neuen Lieblingstee aus.
- **Maßnahme: Ich trinke nur noch halb so viel Bier oder Wein – und stattdessen Tee oder aromatisiertes Wasser.** Alkoholfreie Varianten sind leider genauso kalorienreich. Aromatisieren Sie das Wasser mit Kräutern, Ingwer oder (TK-)Beeren.
- **Maßnahme: Wenn ich Lust auf Fleischsalat mit Mayo habe, telefoniere ich mit meiner Freundin.** Oder Sie denken sich eine andere Ersatzhandlung aus.

→ Beispiel für einen Tagesplan:
Der Gewohnheitsesser frühstückt das Italienische Spiegelei mit Käse (s. S. 40), isst mittags das Zwei-Bohnen-Chili (s. S. 68) und abends den Wassermelonen-Feta-Salat mit Rucola (s. S. 132).

Sie haben jetzt alle fünf Esstypen kennengelernt und können sich spontan einem oder zwei Typen zuordnen? Dann übertragen Sie die passenden Maßnahmen (bei Mischtypen entsprechend Ihren Bedürfnissen) in ein Notizbuch oder auf ein Blatt Papier. Die Liste bildet das Grundgerüst für Ihren Aktionsplan (s. S. 18).

20:80 – SO KLAPPT ES MIT DEM WUNSCHGEWICHT

Wenn Sie nach Ihrem 20:80-Aktionsplan essen, trinken und damit abnehmen, müssen Sie nicht Ihren gesamten Ernährungsalltag umkrempeln. Sie nehmen sich nur kleine, machbare und vor allem stressfreie Anpassungen vor.

NIE MEHR DIÄT!

Die Ära der Diäten hat sich aus ernährungsmedizinischer Sicht schon seit Längerem erledigt. In den letzten Jahrzehnten konnten wir beobachten, wie selten klassische Diätprogramme zielführend sind. Viele Abnehmprofis wissen das aus oft leidvoller Erfahrung, da sie dabei den Jo-Jo-Effekt besser kennengelernt haben, als ihnen wohl lieb war. Das Problem: Wenn Sie eine Diät machen, ändern Sie radikal Ihre Ernährungsgewohnheiten. Jedes Abnehmprogramm besteht aus vielen Regeln und Dos & Don'ts – man muss meist auf alles Mögliche verzichten. Natürlich führt diese Form der Beschränkung erstmal zu weniger Kilos, was zunächst erfreulich ist.

Nur, in dem Moment, in dem Sie mit der Diät aufhören, essen Sie aus alter Gewohnheit wieder wie vorher und dann greift der berüchtigte Jo-Jo-Effekt: Bei der Diät fährt der Körper den Grundumsatz herunter, um seine Reserven zu schützen. Das ist eines unserer biologischen Programme und war in Zeiten nützlich, als der Mensch immer wieder Hungerphasen überstehen musste, um zu überleben. Steht aber danach wieder ausreichend Nahrung zur Verfügung, sind die verlorenen Pfunde umso schneller wieder drauf.

Außerdem bildet jeder Körper mit der Zeit ein Zielgewicht aus, das sich am höchsten bisher erreichten Körpergewicht orientiert. Wird dies in der Folge wieder unterschritten, produziert unser Körper Hungerhormone. Und zwar umso mehr, je tiefer das Gewicht fällt. Das ist auch der Grund dafür, weshalb das 20:80-Prinzip in erster Linie darauf abzielt, dass Sie satt werden. Denn wenn wir gut gesättigt sind, werden keine Hungerhormone gebildet und der berüchtigte Jo-Jo-Effekt vermieden.

GUT ABNEHMEN MIT 20:80

Intelligenter und passender zu unserem biologischen Programm ist es, im Vornherein das eigene Ernährungsverhalten zu analysieren und sich zu fragen: Was sind die Gründe für meine überzähligen Kilos? Sind es die gesüßten Getränke? Ist es das Snacken, das Brot, die Pizza, zu wenig Eiweiß, oder sitze ich den ganzen Tag zu viel? Diese kleinen Punkte gilt es Schritt für Schritt und nacheinander zu ändern – alles andere aber zu belassen. Ähnlich gehen wir auch bei unseren Patienten vor.

Sie können auch selbst Ihr individuelles Maßnahmenpaket erstellen. Nehmen Sie sich etwas Zeit und gehen Sie, wie gleich im Anschluss beschrieben, Schritt für Schritt vor. Am Ende steht Ihr persönlicher Aktionsplan, mit dem Sie sofort loslegen können, wenn Sie möchten.

BASIS-CHECK

Der Basis-Check orientiert sich an Maßnahmen, die wir in unserem Zentrum seit Jahren erfolgreich durchführen. Er erhöht Ihre Erfolgsaussichten.

Essen & Trinken

☐ **Ich trinke regelmäßig gesüßte Getränke (Säfte, Smoothies, Limo, Cola, Energydrinks, Tee mit Zucker etc.).**
→ Maßnahme: Ich achte jeden Tag darauf, genügend Wasser und ungesüßte Getränke zu trinken (s. S. 22).

☐ **Ich muss zwischendurch immer mal etwas essen.**
→ Maßnahme: Ich achte darauf, dass ich mich morgens, mittags und abends satt esse und genügend Eiweiß und Gemüse zu mir nehme.

☐ **Ich esse unregelmäßig.**
→ Maßnahme: Drei große Mahlzeiten am Tag tun mir gut, Snacks dazwischen vermeide ich.

☐ **Ich esse gerne Gummibärchen (oder Kartoffeln, Brot, Nudeln, Schokolade, Pizza).**
→ Maßnahme: Ich darf alles essen, achte aber auf die richtige Kombi (s. Tellerprinzip S. 12) oder reduziere die Menge.

Gesundheit & Medikamente

☐ **Ich nehme regelmäßig Medikamente ein, die mich leider dick machen, zum Beispiel: Psychopharmaka, Insulin, Cortison.**
→ Maßnahme: Ich spreche mit meinem Arzt über Alternativen, die weniger dick machen.

☐ **Ich leide unter Mundgeruch und/oder Zahnfleischentzündung.**
→ Maßnahme: Ich vereinbare einen Termin beim Zahnarzt zur Parodontose-Behandlung, weil die Parodontitis Übergewicht fördern kann.

☐ **Ich habe häufig Sodbrennen oder Reflux als typische Folge von Übergewicht.**
→ Maßnahme: Ich vereinbare einen Termin bei meinem Hausarzt, der mich bei Bedarf an einen Gastroenterologen überweist.

☐ **Ich habe hormonelle Probleme (Schilddrüse, Diabetes, Wechseljahre, Testosteronmangel etc.), die das Abnehmen behindern oder erschweren können.**
→ Maßnahme: Ich vereinbare einen Hormon-Check bei meinem Hausarzt und gehe eventuell zu einem Endokrinologen.

Lebensstil & Stress

☐ **Ich leide unter depressiven Episoden und esse oft aus Traurigkeit.**
→ Maßnahme: Ich bespreche die Problematik mit meinem Hausarzt und lasse mir einen geeigneten Therapeuten empfehlen.

☐ **Ich leide unter Dauerstress und komme nicht aus dem Hamsterrad heraus.**
→ Maßnahme: Ich erlerne eine Entspannungstechnik und achte im Alltag gut auf mich. (Hinweis: Auch hier kann die Konsultation eines Psychotherapeuten hilfreich sein.)

☐ **Ich schlafe extrem schlecht.**
→ Maßnahme: Ich achte auf feste Schlafenszeiten und ein entspannendes Einschlafritual, denn Schlafmangel begünstigt Übergewicht. (Hinweis: Falls diese Maßnahmen keine Wirkung zeigen, wenden Sie sich an Ihren Hausarzt.)

☐ **Ich esse nachts oder manchmal tagsüber den ganzen Kühlschrank leer. Dies kann auf eine Essstörung hinweisen.**
→ Maßnahme: Ich bespreche die Problematik mit meinem Hausarzt und lasse mir einen geeigneten Therapeuten empfehlen.

Zusätzliche Hilfestellung bieten Ihnen die superschnellen, leckeren Rezeptvorschläge ab S. 30. Am besten stellen Sie sich im Anschluss an Ihren Aktionsplan auch mal einen Speiseplan für eine Woche zusammen. Je strukturierter Sie vorgehen, desto weniger müssen Sie sich anstrengen, desto leichter korrigieren Sie Gewohnheiten, die Sie gerne anders haben möchten. Außerdem können Sie so den Einkauf im Voraus planen und Zeit sparen. Gehen Sie vor wie die Profis bei uns im Zentrum – werden Sie Ihr eigener Therapeut!

Schritt 1: Esstyp-Bestimmung

Nachdem Sie die Seiten 12 bis 15 gelesen haben, können Sie sicher sagen, zu welchem Esstyp Sie am ehesten gehören. Fast jeder von uns hat zum Beispiel Anteile vom Gewohnheitsesser, wie gesagt, gibt es auch Mischtypen. Die Maßnahmen, die zu Ihnen passen und die Ihnen hilfreich sein könnten, haben Sie notiert? Dann geht es jetzt weiter.

Schritt 2: Basis-Check

Jetzt unterziehen Sie Ihre Ernährungsgewohnheiten einer gründlichen Überprüfung. Die Aussagen auf der vorhergehenden Seite können Sie spontan daraufhin beantworten, ob sie Ihrem (Ernährungs-)Alltag entsprechen. Alle haben, auch wenn es vielleicht nicht so aussieht, etwas mit Ihrem Wohlbefinden und Ihrem Gewicht zu tun.
Hier finden Sie auch alle Maßnahmen, die Sie zur eventuellen Verbesserung Ihrer Ess- und Trinkgewohnheiten ergreifen können. Jede ist positiv und in der »Ich«-Form formuliert, so lässt sie sich von Ihnen leichter umsetzen. Notieren Sie die für Sie relevanten Maßnahmen bitte auf dem Aktionsplan.

Schritt 3: Ernährungstagebuch

Führen Sie eine Woche lang ein Ernährungstagebuch. Vielleicht beginnen Sie an einem Wochenende. Auch wenn Ihnen das aufwendig erscheint: Es ist sehr hilfreich, um ungesunden Ernährungsgewohnheiten auf die Schliche zu kommen.

- → Tragen Sie in Ihre Tagesübersicht die verzehrten Lebensmittel so genau wie möglich ein. Damit nichts vergessen wird, am besten immer gleich nach jeder Mahlzeit oder jedem Snack.
- → Berechnen Sie vorher Ihren persönlichen Eiweißbedarf pro Tag (in Gramm; s. Kasten unten). Notieren Sie bei jeder Mahlzeit mit Eiweiß die ungefähre Eiweißmenge (s. Eiweiß-Guide S. 23).
- → Halten Sie auch jedes Mal schriftlich fest, wie es Ihnen vor und nach dem Essen ging. Waren Sie gestresst oder müde, war Ihnen langweilig? Hatten Sie Hunger oder einfach nur Lust zu essen?
- → Schreiben Sie abends auch immer auf, ob Sie körperlich aktiv waren. Dazu zählt Sport, wie viele Schritte Sie gegangen sind, und auch Alltagsaktivitäten wie Haushalt oder Gartenarbeit.

Schritt 4: Analyse und Aktionsplan

Nach einer Woche analysieren Sie Ihr Ernährungstagebuch. Lesen Sie Ihre Aufzeichnungen aufmerksam durch und stellen Sie fest, was auffällig ist. Daraus ergibt sich der Ist-Zustand, aus dem Sie weitere Maßnahmen ableiten können – das geht so:

WIE VIEL EIWEISS BRAUCHE ICH?

Der Eiweißbedarf eines gesunden Erwachsenen liegt bei 1–1,2 g / kg Normalgewicht. So ermitteln Sie, wie viel Protein Sie pro Tag brauchen, um gut gesättigt durch den Tag zu kommen:
Berechnen Sie Ihr Normalgewicht nach der Formel: (Körpergröße × Körpergröße in cm) × 25
Beispiel: (168 × 168) × 25 = ca. 70 kg
Dann errechnen Sie Ihren Eiweißbedarf: 70 × 1,2 = ca. 84 g Eiweiß / Tag
Das sind dann pro Mahlzeit: 84:3 = ca. 28 g

☐ **Sie essen eher unregelmäßig oder snacken sogar ständig.**

- **Maßnahme:** Ich esse ab jetzt nur noch drei Mahlzeiten am Tag.

☐ **Sie essen aus Stress oder Langeweile.**

- **Maßnahme:** Wenn ich Stress habe, laufe ich erstmal 3 Min. auf der Stelle, eine Runde um den Block oder mache eine Kurzmeditation. (Stresshormone werden immer durch Bewegung abgebaut!)

☐ **Sie essen oft zwischendurch, weil Sie Hunger bekommen.**

- **Maßnahme:** Ich checke meinen Eiweißbedarf pro Mahlzeit (s. Kasten S. 18).

☐ **Sie trinken regelmäßig Wein oder Bier.**

- **Maßnahme:** Ich gönne mir nur noch am Sonntag und Mittwoch ein (oder ein halbes) Glas.

Übertragen Sie alle Maßnahmen auf das Blatt mit den anderen Aktionen von Ihrem Esstyp (s. S. 12–15) und dem Basis-Check (s. S. 17). Jetzt sortieren

Ein Ernährungstagebuch hilft, die eigene Ernährung zu hinterfragen und zu verbessern.

Sie diese nach Machbarkeit: zuerst die für Sie einfachsten und dann aufsteigend die schwierigeren Hürden. Für jede Maßnahme nehmen Sie sich so viel Zeit, wie Sie brauchen, bis diese zu einer normalen Gewohnheit geworden ist. Erst dann gehen Sie die nächste an. Falls Sie Unterstützung bei der Analyse und Aufstellung Ihres Aktionsplans haben möchten, können Sie sich an eine Ernährungsfachkraft wenden (s. Adressen S. 152).

ZU GUTER LETZT: VIER EMPFEHLUNGEN ZUM ABNEHMEN

Keine Sorge, hier wird nichts verboten, nur empfohlen. Auch diese vier Empfehlungen können Sie in Ihren Aktionsplan übernehmen, sofern sie da nicht schon so oder so ähnlich stehen. Denn wichtig für eine gesunde und schlank machende Ernährungsweise ist:

1. Drei Mahlzeiten am Tag, bei denen Sie sich gut und nach dem Tellerprinzip (s. S. 12) satt essen.

2. Auf die richtige Eiweißzufuhr (s. S. 18) achten und sich mit viel Gemüse und Salat (Ballast- und Vitalstoffe) satt essen. Nur das verhindert Heißhunger.

3. Dazwischen mind. 5 Std. Intervallfasten, das tut Ihrem Insulinspiegel gut und macht Abnehmen erst möglich, schont die Verdauungsorgane. Und Sie entwickeln mit der Zeit wieder ein normales Hungergefühl.

4. Langsam essen, denn Sattheit braucht Magendehnung, und die spüren wir erst ca. 20 Min. nach dem Essen. Ich rate meinen Patienten immer, so langsam zu essen wie die Franzosen: vielleicht eine Kleinigkeit vorweg, dann 20 Min. warten und im Anschluss das Hauptgericht. Gut kauen und genießen heißt: achtsam essen.

BASICS GESUNDER ERNÄHRUNG

Die besten Aussichten auf das Wunschgewicht bietet langfristig eine Ernährung, die auf gesunde Kohlenhydrate, Fette und Proteine und ausreichend Flüssigkeit setzt – in Kombi mit Stressmanagement, genügend Schlaf und Bewegung.

GUTE KOHLENHYDRATE

Gemüse und Obst sollten bei jeder Mahlzeit dabei sein. Empfohlene Mengen pro Tag: mindestens 400 g Gemüse, maximal 200 g zuckerarmes Obst (Fruchtzucker macht auch dick!). Wenn Ihnen morgens nicht nach Gemüse ist, essen Sie nicht zu süßes Obst (statt Bananen und Weintrauben besser Beeren, Kiwi oder Papaya) und Getreide in Form von Haferflocken und Co. Expressrezepte für ein gesundes Frühstück finden Sie ab S. 30.

Sattmacher Nummer 1: Ballaststoffe

Langsam verdaubare Zucker gelten als gesünder, sie kommen in Getreide und -produkten, Hülsenfrüchten (Linsen, Bohnen, Erbsen, Kichererbsen), Nüssen, Kernen und Kartoffeln vor. Das liegt daran, dass sie – wie Gemüse und zuckerarmes Obst – reich an Pflanzenfasern und Ballaststoffen sind, die der Darm als Verdauungshelfer mag. Auch diese langsam verdaubaren Zucker lassen den Insulinspiegel nach einer Mahlzeit ansteigen, allerdings viel langsamer. Das schont die Bauchspeicheldrüse und sorgt für eine länger anhaltende Sättigung. Vitamine, Mineralstoffe, Spurenelemente und sekundäre Pflanzenstoffe machen den Mix, den Gemüse und Salat liefern, kerngesund.

Tipp: Sie werden jedes Mal gut satt, wenn Sie mittags und abends am besten zuerst die Gemüse- oder Salatportion verzehren, dann die Eiweißration auf dem Teller und zum Schluss die Kohlenhydrate.

In Maßen okay: Kartoffeln, Nudeln, Reis & Brot

Kohlenhydrate in Gemüse sind gut »verpackt« durch Pflanzenfasern und Ballaststoffe. Diese verzögern die Verdauung und das Anfluten der Einfachzucker im Blut. Je konzentrierter der Zucker im Nahrungsmittel ist, desto schneller geht er ins Blut. Die Kohlenhydrate und auch Zucker in Gemüse oder Vollkornprodukten sind daher unbedenklich und für das Abnehmen geeignet. Gebäck, Getränke, Marmelade, Honig, Fertigsaucen, Dressings oder gar Süßigkeiten hingegen schwemmen eine Art Zucker-Tsunami ins Blut, der vom Insulin Ihres Körpers abgefangen werden muss. Ein ständig erhöhter Insulinspiegel wirkt wie eine Abnehmbremse. Sogenannte Sättigungsbeilagen, die reich an kurzkettigen Kohlenhydraten sind, sollten Sie also möglichst sparsam verzehren. Wenn Sie Brot und Brötchen essen, dann am besten in der Vollkornvariante.

Weniger ist hier mehr

Übrigens: Wenn Sie die Zutatenlisten auf Fertiglebensmitteln lesen und es taucht ein Begriff mit der Endung »-ose« auf, dann haben Sie es immer mit Zucker zu tun. Und je weiter vorne in der Zutatenliste der Begriff steht, desto mehr davon ist prozentual im Produkt enthalten. Alle diese Lebensmittel sollten Sie Ihrem Gewicht und Ihrer Gesundheit zuliebe nur in kleinen Mengen essen.

Beim Gemüse dürfen Sie ohne Limit zugreifen! In der Expressküche muss es nicht immer frisch vom Markt kommen.

Süßes & Alkohol

Kuchen und Süßes (auch zuckerhaltige Getränke) sollte auf eine Zuckermenge von 50 g, besser 25 g, und Alkohol auf 20 g / Tag für Männer (10 g / Tag für Frauen!) beschränkt sein. Es gibt keine unbedenkliche Alkoholmenge – das Risiko für Krebs und Herzrhythmusstörungen nimmt kontinuierlich zu. Genießen Sie Alkohol immer bewusst.

Tipp: Wenn Sie sich viel bewegen und Sport treiben, können Sie auch mehr Kohlenhydratträger essen. Denn bei 20:80 gilt das Prinzip: Verbieten Sie sich grundsätzlich nichts, das ist kontraproduktiv, weil man dann erst recht Lust auf »Verbotenes« bekommt. Verändern Sie nur die Mengenverhältnisse bei Ihren Mahlzeiten.

MIT FETT GESUND ABNEHMEN

Fette aus gesunden Pflanzenölen (Oliven-, Lein-, Nuss-, Rapsöl) sowie Nüssen und fettem Seefisch (Makrele, Hering, Lachs) sollten in keiner Mahlzeit fehlen. Insgesamt dürfen es 50–75 g Fett / Tag sein. Gutes Fett stört Ihr Abnehmprojekt nicht.

SIND KOHLENHYDRATTRÄGER NICHT ÜBERFLÜSSIG?

Tatsächlich kann unser Körper auch ohne die üblichen Kohlenhydratträger wie Brot, Nudeln und Co. auskommen, jedoch nicht ohne Kohlenhydrate an sich. Allerdings enthalten Gemüse und tierische Produkte auch schon einige Kohlenhydrate (Hülsenfrüchte, Eier, Milch und Milchprodukte, in geringem Maße auch Fleisch und Fisch). Außerdem können wir auch aus Eiweiß bedarfsgerecht wertvolle Glukose herstellen. Fehlt Energie aus der Nahrung aber über einen längeren Zeitraum, geht der Körper an die Eiweißreserven aus der Muskulatur und dann gleich an die Fettreserven. Deshalb setzt man bei einer gesunden Ernährung immer auf reichlich Gemüse, ausreichend Eiweiß und gesunde Fette und dazu nach Belieben höchstens kleinere Portionen Kartoffeln, Nudeln, Brot und Obst. Das ist der Mix, der für uns ideal ist.

Bestimmte Fette oder Öle sollten Sie sogar regelmäßig essen, denn sie sind Bauteile für Struktur- und Zellmembranen oder für Hormone, schützen die inneren Organe und helfen dabei, fettlösliche Vitamine (A, D, E und K) aufzunehmen. Wichtig: Das Verhältnis von Qualität und Quantität muss bei der Fettzufuhr stimmen.

Gesundheitlich wertvoll sind die einfach ungesättigten Fettsäuren aus Oliven- oder Rapsöl. Sie stecken auch in Nüssen (Mandeln, Walnüssen, Pistazien), Oliven oder Avocados. Ebenso wichtig sind die mehrfach ungesättigten Fettsäuren (vor allem die Omega-3-Fettsäuren) aus fettem Seefisch und Lein- oder Walnussöl. Neuere Studien wie die PREDIMED-Studie haben gezeigt, dass Menschen, die viele gute Fette zu sich nehmen, am wenigsten Übergewicht entwickeln. Gute Fette helfen eher bei der Gewichtsreduktion und wirken gegen Arterienverkalkung und Zivilisationskrankheiten.

Tipp: Fette spielen auch bei der Regulation des Blutzuckerspiegels eine wichtige Rolle. Wenn Sie Kohlenhydrate in Kombi mit Fetten und Ölen essen, zum Beispiel ein frisches Baguette oder auch Spaghetti mit Olivenöl, dann steigt der Glukosewert im Blut langsamer an. Denn die Kohlenhydrate werden langsamer zerlegt, da auch das Fett verdaut werden muss. Fett hält demnach länger satt und verhindert Snacken.

SATT MIT EIWEISS

Eiweiß beziehungsweise seine kleinsten Bestandteile, die Aminosäuren, sind wichtige Baustoffe für Zellen, Muskulatur, Knochen, Gewebe, Hormone und Blut. Der hochwertige Energieträger liefert aber nicht so schnell wie Kohlenhydrate. Denn bis der Körper das Nahrungseiweiß verstoffwechselt hat, braucht es viel Zeit. Das merkt man unter anderem daran, dass man nach eiweißreichen Mahlzeiten meist länger satt bleibt.

Ideal zur Versorgung mit Eiweiß sind pflanzliche Nahrungsmittel, wie zum Beispiel Hülsenfrüchte (ca. 22 g EW/100 g) oder Nüsse. Sie stehen wegen ihrer zahlreichen Vorzüge und ihrer darmschützenden Wirkung auf meiner Hitliste. Danach kommen Fisch, Geflügel, Eier, Milchprodukte und zum Schluss rotes Fleisch – sie alle liefern ca. 20 g EW / 100 g. Essen Sie täglich 1–1,2 g EW / kg Normalgewicht, gleichmäßig verteilt auf die Hauptmahlzeiten (s. S. 18). Es gibt Spielräume nach oben und unten: Leistungssportlern empfehlen wir in der Muskelaufbauphase mehr Eiweiß, bis 2 g. Nierenkranke sollten nicht mehr als 0,8 g aufnehmen. Auf der rechten Seite finden Sie eine Tabelle mit den wichtigsten Eiweißlieferanten.

GENUG TRINKEN!

Noch wichtiger als Essen ist Trinken. Ohne Essen können wir mehrere Tage durchhalten – laut Studien gelegentlich sogar ganz gut. Wer allerdings längere Zeit keine Flüssigkeit zu sich nimmt, entzieht sich eine Lebensgrundlage. Eine ausreichende Flüssigkeitszufuhr ist lebenswichtig.

Sie brauchen ca. 30–40 ml / kg Körpergewicht am Tag. Bei 50 kg sind das 1,5 l, bei 100 kg 3 l. Bei körperlicher Anstrengung und bei Hitze steigt der Bedarf an: plus ½–1 l zusätzlich.

Reines Wasser ist die Empfehlung Nummer 1. Trinkwasser unterliegt in Deutschland der Trinkwasserverordnung und muss bestimmte, kontrollierte Anforderungen erfüllen. Die Wasserqualität in Deutschland ist in den meisten Regionen sehr gut. Erkundigen Sie sich bei Ihrem Wasserwerk.

Tipp: Stellen Sie sich morgens schon Ihre Tagesmenge bereit und haben Sie immer eine Trinkflasche dabei. Auch auf dem Nachttisch sollte eine Flasche mit Wasser stehen.

Ein Getränk zum Essen füllt einen Teil des Magens, sodass man sich schneller satt fühlt. Ungesüßter Kaffee ohne Milch (!) dient ebenfalls der Flüssigkeitsversorgung und ist aufgrund der enthaltenen sekundären Pflanzenstoffe im Kaffee sogar gesund. Kritisch wird es erst ab fünf Tassen Kaffee pro Tag.

DER PRAKTISCHE EIWEISS-GUIDE

In der Tabelle sind zahlreiche Lebensmittel mit ihrem Eiweißgehalt pro 100 g Lebensmittel aufgelistet. So sehen Sie auf einen Blick, was Ihr Protein-Konto erhöht und wie Sie Ihre Mahlzeiten mit Eiweiß ergänzen können.

LEBENSMITTEL	EIWEISSGEHALT PRO 100 G
PILZE, GETREIDE UND PRODUKTE DARAUS	
Bulgur, roh	2,5 g
Couscous, roh	2,5 g
Champignons, roh	2,7 g
Steinpilze, roh	5,4 g
Natur-Reis, roh	7,2 g
Vollkornbrot, Roggen	7,3 g
Buchweizen, roh	9,1 g
Hirse, roh	9,8 g
Haferflocken, Vollkorn	12,5 g
Vollkornnudeln, roh	13,0 g
Quinoa, roh	13,8 g
Amarant, roh	14,6 g
HÜLSENFRÜCHTE UND PRODUKTE DARAUS	
Sojadrink, ungesüßt	3,3 g
Sojasprossen	5,8 g
Kidneybohnen (Dose)	6,9 g
Kichererbsen (Dose)	7,5 g
Tofu	8,8 g
weiße Bohnen, roh	21,1 g
Erbsen, roh	22,9 g
Nudeln aus Hülsenfrüchten	23,0 g
Linsen, roh	23,5 g
Sojabohnen, roh	34,9 g
SAMEN UND NÜSSE	
Haselnusskerne	12,0 g
Pinienkerne	13,0 g
Walnusskerne	14,4 g
Chia-Samen	16,5 g
Mandeln	18,7 g
Pistazienkerne	20,8 g
Sonnenblumenkerne	22,5 g
Leinsamen	24,4 g
Kürbiskerne	24,4 g

LEBENSMITTEL	EIWEISSGEHALT PRO 100 G
EIER UND FLEISCH	
Hühnerei	11,6 g
Schweinefilet (Muskelfleisch, ohne Fett)	21,5 g
Geflügel (Brustfilet mit Haut)	22,2 g
Rinderlende (Steak)	22,4 g
SALZ- UND SÜSSWASSERFISCHE	
Scholle	17,1 g
Kabeljau	17,7 g
Hering	18,2 g
Seelachs	18,3 g
Garnelen (küchenfertig)	18,6 g
Makrele	18,7 g
Zander	19,2 g
Forelle	19,5 g
Lachs, frisch	19,9 g
Lachs, geräuchert	28,5 g
MILCH UND PRODUKTE DARAUS	
Mandeldrink, ungesüßt	0,4 g
saure Sahne (10 % Fett)	3,1 g
Kefir	3,3 g
Kuhmilch (3,5 % Fett)	3,3 g
Joghurt (1,5 % Fett)	3,4 g
Buttermilch	3,5 g
Schnittkäse (Gouda, 40 % Fett)	11,0 g
Frischkäse (20 % Fett)	13,2 g
Magerquark	13,5 g
körniger Frischkäse (Hüttenkäse)	13,6 g
Skyr	16,5 g
Mozzarella (45 % Fett)	18,6 g
Parmesan	33,5 g

(Quelle: Die große GU Nährwert-Kalorien-Tabelle, 2016 / 2017)

DIESE LEBENSMITTEL
MÜSSEN SIE HABEN

Wenn Sie sich gesund ernähren, essen Sie automatisch so, dass Sie weder zu- noch abnehmen und Ihr erreichtes Wunschgewicht halten. Eines oder mehr Lebensmittel aus jeder der Rubriken hier auf der Seite sollten dabei täglich auf Ihrem Expresskochen-Speiseplan auftauchen.

TOP-KOHLENHYDRATE

Diese drei Lebensmittel sind alle reich an »Slow carbs«, die satt machen und den Darm mit wertvollen Ballaststoffen füttern: 1) Haferflocken schmecken toll zum Frühstück (ideal: pro Portion 30–50 g). 2) Hülsenfrüchte sind Vielseiter in der Küche und bieten nebenbei noch jede Menge pflanzliches Eiweiß. 3) Vollkornprodukte bei Pasta, Brot und Co. lassen den Blutzucker- und den Insulinspiegel schön langsam ansteigen und sind reich an Ballaststoffen und Vitaminen.

KNABBERZEUG

Ob über dem Salat, im Müsli oder pur – Samen und Nüsse sind vielseitig und lecker. Sie enthalten gesunde Fette, Ballast- und sekundäre Pflanzenstoffe und bieten eine prima pflanzliche Eiweißquelle. Die besten: Leinsamen, Sesamsamen, Hanfsamen, Kürbiskerne, Sonnenblumenkerne. Meine Lieblings-Superfoods sind Pistazien, Mandeln und Walnüsse – sie halten satt, wirken gegen Entzündungen und schützen unsere Gefäße.

BEST OF EIWEISS

Das Ei hat mit 6,5 g Eiweiß pro Stück (ca. 60 g bei Größe M, das entspricht 11,6 g EW/100 g) das hochwertigste Nahrungseiweiß zu bieten. Aber es gibt tolle Alternativen: Linsen toppen das Ei mit 23,5 g EW/100 g. Kürbiskerne und Hähnchenbrustfilet haben fast doppelt so viel zu bieten wie Eier. Skyr macht mit 16,5 g EW/100 g eine gute Figur. Linsen und Nüsse bringen neben Eiweiß auch noch jede Menge Ballaststoffe mit.

WASSER

Es ist das wichtigste Lebensmittel überhaupt, ohne das wir keine drei Tage überleben. Denn wir bestehen zu einem Großteil aus Wasser. Wenn es fehlt, merken wir das schnell, weil Leistungs- und Konzentrationsfähigkeit rapide nachlassen. 30–40 ml Wasser / kg Körpergewicht sollten es sein, bei Hitze und nach dem Sport gern noch 500 ml mehr.

RESISTENTE STÄRKE

Kartoffeln sind Alleskönner in der Küche. Nach dem Tellerprinzip (s. S. 12) stehen ihnen allerdings »nur« 20 % pro Mahlzeit zu. Sie können aber bei der Zubereitung darauf achten, dass sich der Stärkeanteil reduziert: Die Kartoffeln schon am Vortag oder mind. 1 Std. vorher garen, damit sie vollständig abkühlen können. So bildet sich resistente Stärke, die vom Körper nicht verwertet wird. Dann die Kartoffeln weiterverarbeiten – beispielsweise zu einem Kartoffelsalat mit klarem Dressing (ohne Mayonnaise).

GESUNDE FETTE

Tierische und pflanzliche Fette sind wichtig für eine gesunde, ausgewogene Ernährung. Auch Butter und fettarmes Fleisch sind deshalb erlaubt. Entscheidend sind jedoch immer die richtigen Mengenverhältnisse. Und die können Sie bereits beim Einkauf steuern: Bevorzugen Sie hochwertige Pflanzenöle sowie Fleisch und Fisch von guter Qualität. Bei Fleisch entscheiden auch die Fütterung der Tiere und ihre Haltung im Freien über die Zusammensetzung der Fettsäuren. (Achtung: Zuviel Fleisch erhöht das Risiko für Übergewicht und Diabetes!) Bei Ölen greifen Sie zu kalt gepressten Ölen. Nüsse und Saaten am besten in Bioqualität genießen.

GRÜNE FATBURNER

Obst und Gemüse füllen den Magen, sind reich an Vitalstoffen und Ballaststoffen – absolute Vielseiter mit einer enormen Aromenvielfalt: Alle sind unverzichtbar in der gesunden Expressküche, ein paar Kandidaten haben jedoch noch mehr drauf. Diese zehn regen nämlich auch die Fettverbrennung an: Brokkoli, Chili, Grapefruit, Tomaten, Spargel, Spinat, Staudensellerie, säuerliche Äpfel, Beeren und Zitronen.

EXPRESSKOCHEN – SO GEHT'S

Mit ein paar hilfreichen Tricks und den richtigen Basics als Koch-Beschleuniger werden Sie viel Spaß an Ihrer Expressküche haben, auch wenn Sie bisher noch nie den Kochlöffel geschwungen haben. Zum Essen können Sie sich dann etwas mehr Zeit nehmen!

PLANUNG IST ALLES

Wenn Sie möchten, können Sie sich einen Wochenplan machen und zur Inspiration die Tagespläne bei den verschiedenen Esstypen nutzen (s. S. 12–15). Das geht ganz einfach: für jeden Tag der Woche drei Gerichte aus den verschiedenen Kapiteln auswählen (das Frühstück kann auch immer gleich sein) und dazu eine Einkaufsliste schreiben. Dieses Vorgehen bewährt sich vor allem, wenn Sie Familie haben und einen Job. Für einen Basisvorrat ist ein solcher Plan eine gute Sache. So haben Sie in mit einem Großeinkauf die meisten Lebensmittel parat. Werden Sie mit etwas Übung kreativ: Ist das Gemüse, das im Rezept angegeben ist, nicht da, nehmen Sie ein anderes. Statt Hähnchen können Sie Pute verwenden, statt Scholle auch Kabeljau. Das Würzen haben Sie allein in der Hand – egal ob asiatisch, mediterran oder klassisch.

Tipp: Wer noch mehr Zeit sparen will, sucht pro Woche nur drei warme Mahlzeiten statt sieben aus und kocht jeweils für zwei bis drei Tage im Voraus.

KÜCHENBASICS

Mit einer Basis-Ausstattung wie diesen Küchengeräten können Sie ganz schnell loslegen:

Salatschleuder: Unentbehrlich für die grüne Küche. Hierin waschen Sie alle Salate und bekommen Sie in Nullkommanix so trocken, dass sich das Salatdressing gut mit den Blättern verbindet.

Töpfe: Aus Edelstahl oder Gusseisen, auf alle Fälle sollte einer dabei sein, der groß genug ist, um in ihm bei Eintöpfen und Suppen alles zusammen kochen zu können. Wer will, legt sich einen Schnellkochtopf zu – damit lassen sich vor allem Hülsenfrüchte in kurzer Zeit weich garen.

Pfannen: Möglichst beschichtet – so bleibt nichts an ihnen haften –, am besten einmal in Groß und einmal in Klein. Auch praktisch: eine leichte beschichtete Wok-Pfanne. So gelingen alle One-Pot-Gerichte und Asiatisches.

Pürierstab: Der zerkleinert Suppen, Saucen oder Smoothies im Handumdrehen und ist leicht und schnell zu reinigen.

Aufbewahrungsboxen: Gibt es mittlerweile günstig auch aus Glas und Metall. Sie sind wichtig für eine geschickte Vorratshaltung und praktisch zum Mitnehmen von Vorgegartem.

VORRAT FÜR BLITZAKTIONEN

Schaffen Sie sich einen Vorrat für Kochaktionen an. Mit etwas Übung können Sie damit auch irgendwann Eigenkreationen zubereiten oder Freunde mit Ihren Kochkünsten beeindrucken. Hier eine Sammlung von Lebensmitteln, mit der man auf die

Schnelle etwas Leckeres zubereiten kann, ohne vorher einkaufen gehen zu müssen –, und die auch in einer kleineren Küche Platz findet.

Im Schrank: Dauerkonserven wie Tomaten (ganze, stückige und passierte), Kidneybohnen, Kichererbsen, Linsen, Kokosmilch oder Thunfisch oder Gläser mit Oliven, Kapern, Sardellen, Antipasti, Ajvar, Sojasauce oder Nudeln (ideal aus Vollkorn, Dinkel oder Hülsenfrüchten), Natur-Reis, Quinoa, Hirse, Bulgur oder Instant-Couscous.

Im Gewürzregal: Salz und Pfeffer, getrocknete Kräuter, Curry- und Paprikapulver, Gewürze, Instant-Gemüse- und Hühnerbrühe.

Im Kühlschrank: Ungesüßter Joghurt, Quark, Skyr, saure Sahne, Frischkäse, Feta, Parmesan, Eier, Butter, Leinöl – im Gemüsefach Möhren, Staudensellerie, Zucchini, Brokkoli.

Im Tiefkühlfach: TK-Erbsen oder -Bohnen, TK-Garnelen und -Fischfilets, TK-Kräuter und -Zwiebeln, Beeren oder Vorgekochtes, Hackfleisch, Hähnchen- oder Putenbrust.

DAS WICHTIGSTE VORAB

Für jedes Rezept in diesem Buch benötigen Sie nur maximal 20 Min. Arbeitszeit. Bei Gerichten aus dem Backofen übernimmt den Rest Ihr Ofen, während Sie etwas anderes machen können. Damit es beim Kochen wirklich schnell geht, beherzigen Sie noch folgende Tipps:

- Lesen Sie das Rezept vorher sorgfältig durch.
- Stellen Sie alle Zutaten bereit, wiegen oder messen Sie sie ab. TK-Ware rechtzeitig aus dem Tiefkühlfach nehmen und auftauen lassen.
- Holen Sie alle benötigten Kochutensilien aus dem Schrank. Bei den kurzen Garzeiten macht es nur Stress, wenn man zwischendrin anfängt, die Gemüsereibe zu suchen.
- Arbeiten Sie dann nach der Rezeptbeschreibung. Meistens greifen die Arbeitsgänge ineinander: Bis die Brühe kocht, kann Gemüse geschnitten werden. Während das Gericht gart, können Sie Kräuter oder Salat schnippeln.

SO GEHT'S NOCH SCHNELLER

- Erhitzen Sie Nudel- oder Reiskochwasser mithilfe eines Wasserkochers und geben Sie es dann in den Topf. Das geht schneller und spart auch noch Energie.
- Schneiden Sie Gemüse, während Sie Nudeln oder Reis garen. Je kleiner die Stücke, desto kürzer ist ihre Garzeit.
- Verwenden Sie möglichst wenig Töpfe, Schüsseln und Besteck – das spart anschließend Zeit beim Abwasch.
- Kochen Sie auf Vorrat gleich die doppelte Menge. Einfach zubereiten und die Hälfte einfrieren, so haben Sie in der nächsten Woche ein superschnelles Essen aus dem Tiefkühlfach.
- Salatdressings kann man in größerer Menge zubereiten und in einer verschließbaren Flasche im Kühlschrank aufbewahren. So halten sie drei Tage.
- Kräuteröl kaufen oder Öl selbst aromatisieren, um beim Würzen Zeit zu sparen. Beispiel: eine Knoblauchzehe, eine Chilischote oder einen Rosmarinzweig in eine Flasche geben und mit kalt gepresstem Olivenöl auffüllen, drei bis vier Tage stehen lassen und dann verwenden.
- Nüsse oder Ölsaaten als Topping für Salate oder Gerichte in größerer Menge anrösten, nach Wunsch hacken und in einem Schraubglas aufbewahren. So halten sie ca. eine Woche.

20:80 – DIE REZEPTE

EXTRASCHNELL SCHLANK

Sie sind ab jetzt ein freier Mensch und müssen nie mehr zu einem Fertiggericht greifen! Mit den über 70 Gerichten in diesem Buch verraten wir Ihnen superschnelle Rezepte für jeden Tag – garantiert gesund und schlank. Das Plus: Ab sofort wissen Sie ganz genau, was in Ihrem Essen steckt.

Fruchtige Frühstücks-Bowl

FÜR 2 PERSONEN | 11 MIN. ZUBEREITUNG
NÄHRWERT PRO PORTION: CA. 330 KCAL | 27 G EW | 13 G F | 26 G KH

VITAMIN-POWER

- *2 EL gehackte Mandeln*
- *2 EL kernige Haferflocken*
- *100 g Heidelbeeren (frisch oder TK)*
- *1 Apfel*
- *1 Mandarine*
- *300 g Magerquark*
- *150 ml reine Buttermilch*
- *1 EL Leinöl*
- *2 Msp. Zimtpulver*
- *einige Blätter Minze zum Garnieren (nach Belieben)*

1 Die gehackten Mandeln und die Haferflocken in einer Pfanne ohne Fett bei mittlerer Hitze ca. 4 Min. leicht rösten. Herausnehmen und abkühlen lassen.

2 Inzwischen die Heidelbeeren verlesen, waschen und trocken tupfen (TK-Ware aus dem Tiefkühlfach nehmen). Den Apfel waschen, vierteln, entkernen und in Stücke schneiden. Die Mandarine schälen und in Segmente zerteilen.

3 Magerquark, Buttermilch, Leinöl und Zimt in eine Schüssel geben und mit einem Schneebesen gut vermengen. Die Quarkmischung auf Schalen (Bowls) verteilen. Heidelbeeren, Apfelstücke, Mandarinensegmente und Haferflocken-Mandel-Mix nebeneinander auf die Quarkmischung streuen. Nach Belieben mit Minze garnieren.

TIPP: Die Bowl lässt Sie gesund in den Tag starten: Leinöl ist reich an Omega-3-Fettsäuren und verbessert die Fließeigenschaften des Blutes, wirkt gefäßschützend und antientzündlich. Buttermilch schmeichelt unserer Darmflora und unterstützt die Verdauung, da sie reichlich Milchsäurebakterien enthält. Achten Sie bei der Verwendung von Buttermilch immer auf die Angabe »reine« Buttermilch. Übrigens: Statt mit Heidelbeeren schmeckt die Bowl natürlich auch mit anderen Beeren wie frischen Himbeeren oder Erdbeeren.

Beeren-Vanille-Bowl

FÜR 2 PERSONEN | 5 MIN. ZUBEREITUNG
NÄHRWERT PRO PORTION: CA. 355 KCAL | 12 G EW | 15 G F | 44 G KH

FÜR EINE GESUNDE DARMFLORA

- *350 g gemischte Beeren (ersatzweise TK-Beerenmischung)*
- *350 ml Kefir*
- *3 EL zarte Haferflocken*
- *1 Msp. gemahlene Vanille*
- *1 TL flüssiger Honig*
- *2 EL gepuffter Amarant*
- *2 EL gehackte Haselnusskerne*

1 Die Beeren verlesen, waschen und trocken tupfen (TK-Ware gefroren verarbeiten). Einige Beeren zum Garnieren beiseitelegen, den Rest mit dem Kefir in den Standmixer geben und fein pürieren.

2 Dann Haferflocken, Vanille und Honig hinzufügen und unterheben, die Mischung auf Schalen (Bowls) verteilen. Gepufften Amarant, die beiseitegelegten Beeren und gehackten Haselnüsse nebeneinander auf die Beeren-Vanille-Mischung streuen.

TIPP: Beeren sind hervorragend fürs Frühstück geeignet und überhaupt zu jeder Tageszeit empfehlenswert, weil sie zu den zuckerarmen Obstsorten zählen – ähnlich wie Papaya, Kiwi oder Wassermelone. Vor allem dunkle Beeren enthalten reichlich antioxidativ wirksame Substanzen wie zum Beispiel Anthocyane.

Hüttenkäse-Müsli

FÜR 2 PERSONEN | 5 MIN. ZUBEREITUNG
NÄHRWERT PRO PORTION: CA. 450 KCAL | 30 G EW | 21 G F | 34 G KH

HÄLT LANGE SATT

- *40 g Walnusskerne*
- *200 g Heidelbeeren*
- *60 g zarte Haferflocken*
- *50 ml ungesüßter Mandeldrink*
- *400 g körniger Frischkäse (Hüttenkäse)*
- *1 TL Zimtpulver*

1 Die Walnusskerne in einer Pfanne ohne Fett bei mittlerer Hitze 2–3 Min. leicht rösten. Herausnehmen und abkühlen lassen. Die Heidelbeeren verlesen, waschen und trocken tupfen.

2 Die Haferflocken mit dem Mandeldrink und dem körnigen Frischkäse in einer Schüssel vermengen und mit dem Zimt würzen, dann das Müsli auf Schalen verteilen. Zuletzt mit den Heidelbeeren garnieren und mit den gerösteten Walnüssen bestreuen.

TIPP: Körniger Frischkäse, auch Hüttenkäse genannt, enthält im Vergleich zu anderen Käsesorten relativ wenig Fett und dafür reichlich Eiweiß. Mit einer ordentlichen Portion davon bleiben Sie bis zum Mittagessen auf jeden Fall satt – ideal für alle, die schlank werden oder bleiben möchten.

Kokoshirse mit Himbeeren

FÜR 2 PERSONEN | 5 MIN. ZUBEREITUNG | 15 MIN. QUELLEN
NÄHRWERT PRO PORTION: CA. 555 KCAL | 25 G EW | 27 G F | 50 G KH

HÄLT LANGE SATT

- *220 g Himbeeren (frisch oder TK)*
- *80 g Hirse*
- *200 ml Kokosmilch (aus der Dose)*
- *1 Pck. Vanillezucker*
- *2 EL Mandelblättchen*
- *250 g Skyr (ersatzweise Speisequark, 20 % Fett; s. Tipp)*
- *2 TL Ahornsirup*

1 Die frischen Himbeeren verlesen, waschen und trocken tupfen (TK-Ware rechtzeitig aus dem Tiefkühlfach nehmen). Die Hirse in einem Sieb heiß abbrausen und abtropfen lassen, anschließend mit der Kokosmilch und 200 ml Wasser in einem Topf bei mittlerer Hitze zum Kochen bringen.

2 Den Vanillezucker dazugeben, die Hirse vom Herd nehmen und zugedeckt ca. 15 Min. quellen lassen, dabei ab und zu umrühren. Währenddessen die Mandelblättchen in einer beschichteten Pfanne ohne Fett bei mittlerer Hitze ca. 3 Min. leicht rösten. Herausnehmen und abkühlen lassen.

3 Die Kokoshirse auf Schalen verteilen und mit Skyr, Himbeeren, Mandelblättchen und Ahornsirup garnieren.

TIPP: Skyr ist ein isländisches Milchprodukt und vergleichbar mit Quark oder Joghurt. Im Vergleich zu Joghurt (3,4 g Eiweiß pro 100 g) hat Skyr einen deutlich höheren Eiweißgehalt mit etwa 11 g pro 100 g, er sättigt also besser!

Maisgrießbrei mit Apfel

FÜR 2 PERSONEN | 15 MIN. ZUBEREITUNG
NÄHRWERT PRO PORTION: CA. 425 KCAL | 11 G EW | 14 G F | 65 G KH

WÄRMEND

1 EL Mandelblättchen

2 Äpfel

250 ml Milch (3,5 % Fett; ersatzweise ungesüßter Sojadrink)

100 g Instant-Polenta (Maisgrieß)

1 EL dunkles Mandelmus

1 Msp. gemahlene Vanille

2 TL Ahornsirup

1 Die Mandelblättchen in einer beschichteten Pfanne ohne Fett bei mittlerer Hitze 3–4 Min. leicht rösten. Herausnehmen und abkühlen lassen. Die Äpfel waschen, vierteln, entkernen und in kleine Würfel schneiden.

2 Die Milch in einen Topf geben und erhitzen. Die Polenta mit einem Schneebesen nach und nach in die kochende Milch rühren, Mandelmus und Vanille dazugeben. Alles einmal aufkochen und dann zugedeckt bei niedriger Hitze ca. 5 Min. garen.

3 Danach den Grießbrei auf Schalen verteilen, mit den Apfelwürfeln bestreuen und alles mit Ahornsirup und Mandelblättchen garnieren, noch warm servieren.

TIPP: Anstelle der Mandelblättchen können Sie auch gehackte Nusskerne nach Wahl über den Grießbrei streuen. Wer Zeit sparen möchte, bereitet regelmäßig ein Kerne-Nuss-Topping in größerer Menge vor und bewahrt es in einem Schraubglas auf.

Möhren-Nuss-Porridge

FÜR 2 PERSONEN | 20 MIN. ZUBEREITUNG
NÄHRWERT PRO PORTION: CA. 420 KCAL | 14 G EW | 21 G F | 43 G KH

VEGAN

- *50 g Walnusskerne*
- *250 ml ungesüßter Sojadrink*
- *60 g kernige Haferflocken*
- *1 ½ TL Zimtpulver*
- *2 Bio-Möhren (s. Tipp)*
- *2 Äpfel*
- *2 TL Ahornsirup*

1 Die Nüsse grob hacken und in einer Pfanne ohne Fett bei mittlerer Hitze 2–3 Min. leicht rösten. Herausnehmen und abkühlen lassen. Sojadrink in einem Topf erhitzen, Haferflocken und Zimt unterrühren und alles einmal aufkochen. Dann die Hitze abschalten und den Porridge zugedeckt noch ca. 10 Min. quellen lassen.

2 Inzwischen die Möhren mit einer Gemüsebürste unter fließendem Wasser waschen, putzen und auf der Gemüsereibe grob raspeln. Die Äpfel waschen und ebenfalls auf der Gemüsereibe bis auf das Kerngehäuse raspeln. Beide Raspel unter den warmen Porridge mischen. Den Porridge auf Schalen verteilen und mit den Walnüssen und dem Ahornsirup garnieren, noch warm servieren.

TIPP: Da sich ein großer Anteil der Vitamine unter der Schale befindet, hat man bei Äpfeln und Möhren eine bessere Nährstoffbilanz, wenn man sie ungeschält verwendet. Es ist empfehlenswert, dann aber beides aus ökologischem Anbau zu wählen und die Möhren mit einer Gemüsebürste gründlich zu säubern.

Nuss-Pancakes mit Orangen

FÜR 2 PERSONEN | 20 MIN. ZUBEREITUNG
NÄHRWERT PRO PORTION: CA. 485 KCAL | 13 G EW | 26 G F | 48 G KH

VEGAN

- *25 g Vollkorn-Dinkelmehl*
- *25 g (teil-)entöltes Sojamehl*
- *1 TL Backpulver*
- *50 g gemahlene Haselnusskerne (ersatzweise gemahlene Mandeln)*
- *2 gehäufte EL zarte Haferflocken*
- *1 Msp. gemahlene Vanille*
- *150 ml ungesüßter Hafer- oder Sojadrink (ersatzweise Wasser)*
- *2 EL Ahornsirup*
- *1 EL Sesam- oder Rapsöl*
- *2 kleine Orangen (oder 1 große Orange)*
- *einige Blätter Minze zum Garnieren (nach Belieben)*

1 Dinkelmehl und Sojamehl in einer Rührschüssel mit dem Backpulver mischen. Gemahlene Nüsse, Haferflocken und Vanille dazugeben und alles gründlich vermengen. Den Pflanzendrink und 1 EL Ahornsirup hinzufügen und alles zu einem glatten Teig verrühren.

2 Das Öl in einer beschichteten Pfanne erhitzen und den Teig in ca. vier Portionen nacheinander in der Pfanne bei mittlerer Hitze zu kleinen Pfannkuchen von beiden Seiten anbraten, bis sie leicht braun sind. Fertige Pancakes herausnehmen und warm halten.

3 Inzwischen die Orangen schälen und in Segmente zerteilen, in einer Schüssel mit dem restlichen Ahornsirup mischen. Zum Servieren die Pancakes auf Teller verteilen und mit den Orangen belegen. Nach Belieben mit Minze garnieren.

TIPP: Sie können die Pancakes auch gut mit frischen Beeren statt der Orange servieren und noch mit einem Klecks Sojaghurt oder Nussmus toppen. Wer will, kann auch 2 EL Heidelbeeren direkt unter den Teig mischen.

Italienisches Spiegelei mit Käse

FÜR 2 PERSONEN | 11 MIN. ZUBEREITUNG
NÄHRWERT PRO PORTION: CA. 440 KCAL | 24 G EW | 23 G F | 35 G KH

MIT VIEL VITAMIN D

- *2 kleine Tomaten*
- *10 g Rucola*
- *2 Scheiben Vollkorn-Dinkelbrot*
- *2 TL Olivenöl*
- *2 Eier (M)*
- *Salz, Pfeffer*
- *2 TL Frischkäse (20 % Fett)*
- *2 Scheiben Emmentaler (45 % Fett i. Tr.)*
- *2 EL TK-Schnittlauchröllchen*

1 Die Tomaten waschen und in Scheiben schneiden, dabei die Stielansätze entfernen. Den Rucola verlesen, waschen und trocken schleudern, dabei grobe Stiele entfernen. Die Vollkornbrotscheiben toasten. In einer Pfanne 1 TL Öl erhitzen und die Eier darin nebeneinander bei mittlerer Hitze in ca. 5 Min. zu Spiegeleiern braten, leicht mit Salz und Pfeffer würzen.

2 Inzwischen die Brotscheiben mit dem Frischkäse bestreichen und mit den Tomatenscheiben belegen. Leicht mit Pfeffer würzen und das restliche Öl darüberträufeln. Den Rucola auf die Tomaten legen und die Käsescheiben daraufsetzen.

3 Die Spiegeleier direkt aus der Pfanne auf die Käsescheiben legen und den Käse leicht anschmelzen lassen. Zum Servieren mit den Schnittlauchröllchen bestreuen.

Orientalische Eierspeise (Menemen)

FÜR 2 PERSONEN | 15 MIN. ZUBEREITUNG
NÄHRWERT PRO PORTION: CA. 420 KCAL | 27 G EW | 27 G F | 15 G KH

HÄLT LANGE SATT

1 Zwiebel
1 grüne Spitzpaprika
8 Tomaten (mit Rispen)
1 Bund Petersilie
1 EL Olivenöl
4 Eier (M)
Salz, Pfeffer
100 g Schafskäse (z. B. Feta; 45 % Fett i. Tr.)

1 Die Zwiebel schälen und in kleine Würfel schneiden. Die Spitzpaprika waschen, halbieren, weiße Trennwände und Kerne entfernen und die Hälften in feine Streifen schneiden. Die Tomaten waschen und in kleine Würfel schneiden, dabei die Stielansätze entfernen. Die Petersilie waschen, trocken tupfen, die Blätter abzupfen und grob hacken.

2 Das Öl in einer Pfanne erhitzen und die Zwiebelwürfel und Spitzpaprikastreifen darin bei mittlerer Hitze ca. 5 Min. anbraten. Anschließend die Tomaten hinzufügen und kurz mitdünsten.

3 Inzwischen die Eier in eine Rührschüssel aufschlagen und mit einem Schneebesen verquirlen. Mit Salz und Pfeffer würzen. Die Petersilie unter die Eiermasse rühren, den Schafskäse zerbröseln und untermischen. Die Eiermasse in die Pfanne geben und alles unter Rühren in ca. 5 Min. stocken lassen. Zum Servieren die Eierspeise auf Teller verteilen und mit Salz und Pfeffer abschmecken.

Frühstücks-Wraps

FÜR 2 PERSONEN | 15 MIN. ZUBEREITUNG
NÄHRWERT PRO PORTION: CA. 555 KCAL | 17 G EW | 44 G F | 28 G KH

GUT ZUM MITNEHMEN

- *150 g Champignons*
- *2 EL Olivenöl*
- *150 g geräucherter Tofu*
- *Salz, Pfeffer*
- *50 g Rucola*
- *50 g gemischte Sprossen (z. B. Alfalfa- oder Sojasprossen)*
- *1 Avocado*
- *½ Zitrone*
- *2 große Vollkorntortillas (Weizenfladen; ersatzweise 4 kleine)*

1 Die Pilze putzen, bei Bedarf mit einem Tuch abreiben und in Scheiben schneiden. Das Öl in einer beschichteten Pfanne erhitzen und die Pilze darin bei mittlerer Hitze anbraten. Den Tofu zerbröseln und dazugeben, beides noch ca. 10 Min. garen, dann mit Salz und Pfeffer würzen.

2 Inzwischen den Rucola verlesen, waschen und trocken schleudern, dabei grobe Stiele entfernen. Die Sprossen in einem Sieb mit heißem Wasser aus dem Wasserkocher überbrühen und abtropfen lassen.

3 Die Avocado halbieren und entkernen, das Fruchtfleisch auslösen und in einer Schüssel mit einer Gabel zerdrücken. Die Zitrone auspressen, den Saft mit Salz und Pfeffer zur Avocado geben und alles cremig verrühren.

4 Die Tortillas mit der Avocadocreme dünn bestreichen, mit dem Champignon-Tofu-Mix, Rucola und Sprossen belegen und kompakt aufrollen. Zum Servieren die Wraps nach Belieben schräg halbieren.

TIPP: Die Frühstücks-Wraps eignen sich auch als Mittag- oder Abendessen! Und sie lassen sich prima mitnehmen.

Kerniges Haferbrot

FÜR 1 KASTENFORM (CA. 25 CM LÄNGE; 16 SCHEIBEN) | 10 MIN. ZUBEREITUNG | 50 MIN. BACKEN
NÄHRWERT PRO SCHEIBE: CA. 175 KCAL | 8 G EW | 11 G F | 9 G KH

LOW CARB

200 g Sonnenblumenkerne
100 g zarte Haferflocken
100 g Haferkleie
100 g Chia-Samen
50 g gemahlene Leinsamen (geschrotete nicht empfehlenswert!)
50 g Kürbiskerne
1 TL Natron
1 gestrichener TL Salz
500 ml lauwarmes Wasser

1 Den Backofen auf 200° vorheizen. Die Kastenform mit Backpapier auslegen.

2 Alle trockenen Zutaten in eine große Rührschüssel geben und gut mischen. Anschließend das lauwarme Wasser hinzufügen und alles mit den Knethaken des Handrührgeräts oder der Küchenmaschine gründlich durchkneten.

3 Den Teig gleichmäßig in die Form geben und fest andrücken. Das Brot im Ofen (Mitte) ca. 50 Min. backen. Herausnehmen und auf einem Kuchengitter gut auskühlen lassen.

TIPP: Das Low-Carb-Brot lässt sich in Scheiben geschnitten sehr gut einfrieren. Es ist arm an »schnellen« Kohlenhydraten, aber reich an Ballaststoffen. Die vielfältigen Kerne sorgen für einen hohen Gehalt an gesunden Omega-3-Fettsäuren.

Bohnen-Lavendel-Aufstrich

FÜR 2 PERSONEN | 10 MIN. ZUBEREITUNG
NÄHRWERT PRO PORTION: CA. 175 KCAL | 7 G EW | 10 G F | 13 G KH

VEGAN

- *240 g weiße Bohnen (aus dem Glas)*
- *2 EL Olivenöl*
- *1 Knoblauchzehe*
- *½ Bio-Zitrone*
- *½ TL getrocknete Lavendelblüten (s. Tipp)*
- *Salz, Pfeffer*

1 Die Bohnen in einem Sieb abbrausen und abtropfen lassen. Danach in einen hohen Rührbecher geben (alternativ mit einem Standmixer arbeiten). Die Knoblauchzehe schälen und mit dem Öl zu den Bohnen hinzufügen.

2 Die Zitrone heiß waschen, abtrocknen und die Schale fein abreiben, danach den Saft auspressen. Zitronenschale und -saft mit dem Lavendel und etwas Salz und Pfeffer zu den Bohnen geben und alles mit dem Pürierstab (oder im Standmixer) zu einer cremigen Masse pürieren.

3 Der Aufstrich schmeckt auf Vollkornbrot – zum Beispiel mit Gurkenscheiben oder Paprikastreifen. Im Kühlschrank hält er sich abgedeckt bis zu 5 Tage.

TIPP: Falls Sie keine Lavendelblüten erhalten, können Sie auch die gleiche Menge Rosmarinnadeln verwenden.

Herzhafte Avocadocreme

FÜR 2 PERSONEN | 5 MIN. ZUBEREITUNG
NÄHRWERT PRO PORTION: CA. 240 KCAL | 5 G EW | 24 G F | 2 G KH

MIT UNGESÄTTIGTEN FETTSÄUREN

1 Avocado
2 EL Frischkäse (20 % Fett)
2 TL TK-Schnittlauchröllchen
½ Knoblauchzehe
Salz, Pfeffer

1 Die Avocado halbieren und entkernen, das Fruchtfleisch auslösen und in einer Schüssel mit einer Gabel zerdrücken. Den Frischkäse dazugeben und gut unterrühren. Dann die Schnittlauchröllchen unterheben.

2 Die Knoblauchzehe schälen und dazupressen, alles gut verrühren und mit Salz und Pfeffer würzen. Die Avocadocreme auf Vollkornbrot genießen. Die Creme hält sich abgedeckt im Kühlschrank ca. 2 Tage (dabei noch einen Spritzer Zitronensaft untermischen, damit sich die Creme nicht bräunlich verfärbt).

TIPP: Die Avocado ist eine richtige Low-Carb-Frucht. Sie ist kohlenhydratarm, enthält hochwertiges pflanzliches Eiweiß und die hautschützenden Vitamine A und E. Ihr Anbau ist jedoch sehr bewässerungsintensiv, daher am besten Produkte aus ökologischem Anbau wählen.

Rote-Bete-Frischkäse

FÜR 6 PORTIONEN | 10 MIN. ZUBEREITUNG
NÄHRWERT PRO PORTION: CA. 75 KCAL | 5 G EW | 5 G F | 5 G KH

GUT ZUM MITNEHMEN

- *300 g Rote Bete*
- *½ Bio-Zitrone*
- *4 Stängel Basilikum*
- *200 g körniger Frischkäse (Hüttenkäse)*
- *2 EL Olivenöl*
- *Salz, Pfeffer*

1 Die Roten Beten mit der Gemüsebürste unter fließendem Wasser waschen, putzen und mit dem Sparschäler schälen (dabei am besten mit Einweghandschuhen arbeiten!). Die Roten Beten vierteln und auf der Gemüsereibe oder in der Küchenmaschine sehr fein raspeln.

2 Die Zitrone heiß waschen, abtrocknen und 1 TL Schale fein abreiben, dann 2 EL Saft auspressen. Das Basilikum waschen, trocken tupfen und die Blätter abzupfen.

3 Körnigen Frischkäse, Öl und 2 EL Zitronensaft zu den Rote-Bete-Raspeln geben und locker untermischen. Mit Salz und Pfeffer würzen. Zum Servieren den Aufstrich mit der Zitronenschale und den Basilikumblättern garnieren.

TIPP: Der Aufstrich hält sich im Kühlschrank ca. 3 Tage und eignet sich als Belag für kernige Vollkorn- und Haferbrote.

Lachs-Zitronen-Aufstrich

FÜR 2 PERSONEN | 5 MIN. ZUBEREITUNG | 10 MIN. ZIEHEN
NÄHRWERT PRO PORTION: CA. 100 KCAL | 10 G EW | 6 G F | 2 G KH

MIT REICHLICH OMEGA-3-FETTSÄUREN

- *3 Scheiben geräucherter Lachs (ca. 50 g)*
- *1 Frühlingszwiebel*
- *2 EL körniger Frischkäse (Hüttenkäse)*
- *1 TL Meerrettich (aus dem Glas)*
- *1 TL TK-Dill*
- *2 TL Zitronensaft*
- *Salz, Pfeffer*

1 Den Lachs in kleine Würfel schneiden. Die Frühlingszwiebel putzen, waschen und in feine Ringe schneiden. Lachs und Frühlingszwiebel in eine kleine Schüssel geben und mit dem körnigen Frischkäse, Meerrettich und Dill verrühren. Zuletzt den Zitronensaft untermischen.

2 Den Lachs-Zitronen-Aufstrich mit Salz und Pfeffer würzen und vor dem Servieren noch ca. 10 Min. ziehen lassen. Dann am besten mit Vollkornbrot oder -baguette sofort verzehren.

TIPP: Lachs und fette Meeresfische sind eine gute Quelle für die essenziellen Omega-3-Fettsäuren, die der Körper nicht selbst herstellen kann. Sie schützen vor Herz-Kreislauf-Erkrankungen und wirken gegen Entzündungen.

Pilz-Mandel-Aufstrich

FÜR 10 PORTIONEN | 20 MIN. ZUBEREITUNG
NÄHRWERT PRO PORTION: CA. 65 KCAL | 3 G EW | 6 G F | 1 G KH

VEGAN

100 g Champignons
100 g geräucherter Tofu
2 EL Sesamöl
1 EL TK-Zwiebelwürfel
50 g gemahlene Mandeln
2 EL TK-Petersilie
1 TL edelsüßes Paprikapulver
1 EL Zitronensaft
Salz, Pfeffer

1 Die Pilze putzen, bei Bedarf mit einem Tuch abreiben und klein schneiden. Den Tofu grob würfeln. Das Öl in einer beschichteten Pfanne erhitzen und die Zwiebeln darin bei mittlerer Hitze ca. 2 Min. leicht anbraten. Die Pilz- und Tofuwürfel dazugeben und alles noch 6–8 Min. leicht garen. Dann herausnehmen, in eine flache Schale geben und kurz abkühlen lassen.

2 Inzwischen die Mandeln in einen hohen Rührbecher geben, Petersilie, Paprikapulver und Zitronensaft dazugeben. Die Pilz-Tofu-Mischung unterrühren und alles mit dem Pürierstab zu einer cremigen Masse pürieren, mit Salz und Pfeffer abschmecken. Der Aufstrich hält sich im Kühlschrank ca. 5 Tage.

TIPP: Schmeckt auch lecker mit Kräuterseitlingen oder Austernpilzen statt Champignons. Pilze versorgen uns mit gesundem Pflanzeneiweiß – und liefern dabei anders als tierische Eiweißquellen garantiert keine entzündungsfördernden Fette mit.

Apfel-Nuss-Smoothie

FÜR 2 PERSONEN | 6 MIN. ZUBEREITUNG
NÄHRWERT PRO PORTION: CA. 250 KCAL | 7 G EW | 15 G F | 22 G KH

VEGAN

- *2 kleine Äpfel*
- *1 kleine Birne*
- *50 g Cashewkerne (ersatzweise geschälte Mandeln)*
- *1 EL Chia-Samen*
- *350 ml ungesüßter Mandeldrink*
- *1 Msp. gemahlener Kardamom*

1 Die Äpfel und die Birne waschen, vierteln und die Kerngehäuse entfernen. Die Viertel jeweils in grobe Stücke schneiden und in den Standmixer geben (alternativ in einem hohen Rührbecher mit dem Pürierstab arbeiten).

2 Dann Cashewkerne, Chia-Samen, Mandeldrink und Kardamom hinzufügen und alles fein pürieren. Zum Servieren den Smoothie in Gläser füllen. Wer will, nimmt den Smoothie in einer gut verschließbaren Flasche für unterwegs mit.

TIPP: Der Smoothie ist dank der Äpfel reich an Pektin, einem wasserlöslichen Ballaststoff. Aufgrund seiner Quellfähigkeit wirkt Pektin im Körper unterstützend bei der Verdauung. Es sorgt für eine gute Darmflora und bei hilft Verdauungsbeschwerden.

Papaya-Möhren-Smoothie

FÜR 2 PERSONEN | 5 MIN. ZUBEREITUNG
NÄHRWERT PRO PORTION: CA. 150 KCAL | 4 G EW | 7 G F | 11 G KH

REICH AN ANTIOXIDANTIEN

½ Papaya (ca. 200 g)
1 Stück Ingwer (ca. 1 cm lang)
200 ml ungesüßter Möhrensaft
150 ml Milch (1,5 % Fett)
1 EL Leinöl
1 TL Mohnsamen

1 Die Papaya halbieren und die Kerne mit einem Löffel entfernen. Das Fruchtfleisch aus der Schale lösen und grob schneiden. Den Ingwer nach Belieben schälen.

2 Papayafruchtfleisch und Ingwer in den Standmixer geben (alternativ in einem hohen Rührbecher mit dem Pürierstab arbeiten). Möhrensaft, Milch und Leinöl hinzufügen. Alles fein pürieren. Zum Servieren den Smoothie in Gläser füllen und mit den Mohnsamen garnieren.

TIPP: Papaya zählt zu den Obstsorten, die im Verhältnis wenig Fruchtzucker enthalten – und damit den Blutzucker nicht stark belasten bzw. schnell ansteigen lassen. Oft enthalten Smoothies Mango, die Tropenfrucht liefert allerdings enorm viel Fruktose.

Süßkartoffel-Toasties mit Hüttenkäse

FÜR 2 PERSONEN | 20 MIN. ZUBEREITUNG
NÄHRWERT PRO PORTION: CA. 350 KCAL | 21 G EW | 5 G F | 55 G KH

LECKERER SNACK

- *1 große Süßkartoffel (ca. 400 g; am besten länglich)*
- *1 Beet Kresse*
- *300 g körniger Frischkäse (Hüttenkäse)*
- *150 g Datteltomaten (ersatzweise Kirschtomaten)*
- *Salz, Pfeffer*

1 Die Süßkartoffel mit der Gemüsebürste unter fließendem Wasser gründlich waschen, putzen und in acht ca. 1 cm dicke Scheiben schneiden. Die Scheiben nacheinander (jeweils zwei pro Schlitz) auf höchster Stufe im Toaster je 8–9 Min. garen, bis eine leichte Röstung zu sehen ist. Dabei mehrmals hintereinander den Toaster anschalten.

2 Währenddessen die Kresse vom Beet schneiden, waschen und trocken tupfen. Mit dem körnigen Frischkäse in einer kleinen Schüssel mischen. Die Tomaten waschen und halbieren.

3 Die Süßkartoffelscheiben mit dem Hüttenkäse-Mix bestreichen und mit den Tomatenhälften belegen, zuletzt alles mit Salz und Pfeffer würzen.

TIPP: Die Süßkartoffelscheiben aus dem Toaster schmecken auch mit 100 g Kräuterquark und zwei in Scheiben geschnittenen hart gekochten Eiern als Begleitung. Ähnlich wie bei Ofenkartoffeln können Sie auch bei den Süßkartoffel-Toasties die mitgegarte Schale nach dem Backen mitessen.

Minestrone mit weißen Bohnen

FÜR 2 PERSONEN | 20 MIN. ZUBEREITUNG
NÄHRWERT PRO PORTION: CA. 205 KCAL | 9 G EW | 11 G F | 17 G KH

LEICHTES AUS ITALIEN

1 rote Paprika
1 Zucchino
2 EL Olivenöl
2 EL TK-Zwiebelwürfel
1 EL getrocknete italien. Kräuter
1 gehäufter TL Gemüsebrühe (instant)
240 g weiße Bohnen (aus dem Glas)
Salz, Pfeffer
1 EL Weißweinessig
1 EL TK-Petersilie

1 Die Paprika waschen, halbieren, weiße Trennwände und Kerne entfernen und die Hälften in Würfel schneiden. Den Zucchino putzen, waschen und ebenfalls würfeln.

2 Das Öl in einem Topf erhitzen und Zwiebeln und getrocknete Kräuter darin bei mittlerer Hitze ca. 2 Min. leicht anbraten. Paprika und Zucchino dazugeben und kurz mitbraten. 500 ml Wasser im Wasserkocher erhitzen und mit der Gemüsebrühe zum Gemüse geben. Alles zugedeckt bei mittlerer Hitze ca. 10 Min. köcheln lassen.

3 Inzwischen die Bohnen in einem Sieb abbrausen und abtropfen lassen. Zuletzt die Bohnen zur Suppe geben und alles mit Salz, Pfeffer und Essig abschmecken. Zum Servieren die Minestrone auf Teller verteilen und mit der Petersilie garnieren.

TIPP: Dazu passt pro Portion eine Scheibe Vollkornbaguette. Wer dem ballaststoffreichen Gericht noch eine Portion Eiweiß hinzufügen möchte, kann die italienische Gemüsesuppe mit Parmesanspänen bestreuen.

Rote-Bete-Pastinaken-Suppe

FÜR 2 PERSONEN | 20 MIN. ZUBEREITUNG
NÄHRWERT PRO PORTION: CA. 390 KCAL | 11 G EW | 17 G F | 43 G KH

LÄSST SICH GUT VORKOCHEN

- *1 Knoblauchzehe*
- *1 Zwiebel*
- *2 Pastinaken*
- *2 kleine mehligkochende Kartoffeln*
- *2 EL Rapsöl*
- *450 ml Gemüsebrühe*
- *2 gegarte Rote Beten (vakuumverpackt)*
- *½ TL gemahlene Kurkuma*
- *1 EL TK-Basilikum*
- *Salz, Pfeffer*
- *2 EL Frischkäse (20 % Fett)*
- *2 EL Kürbiskerne*

1 Knoblauch und Zwiebel schälen und in kleine Würfel schneiden. Die Pastinaken putzen, waschen (ältere Exemplare schälen!) und in Scheiben schneiden. Die Kartoffeln schälen, waschen und in kleine Würfel schneiden.

2 Das Öl in einem Topf erhitzen und Knoblauch und Zwiebel darin kurz anbraten. Pastinaken und Kartoffeln dazugeben und kurz mitbraten. Die Gemüsebrühe dazugießen und alles zugedeckt bei niedriger Hitze ca. 12 Min. köcheln lassen.

3 Inzwischen die Roten Beten in Stücke schneiden (dabei am besten mit Einweghandschuhen arbeiten!). Nach ca. 10 Min. Garzeit die Roten Beten zur Suppe geben und das Gemüse zugedeckt in ca. 2 Min. fertig garen.

4 Alles im Topf mit dem Pürierstab pürieren. Kurkuma und Basilikum unterrühren und die Suppe mit Salz und Pfeffer würzen. Zum Servieren die Suppe auf Schalen verteilen und mit je 1 EL Frischkäse und Kürbiskernen garnieren.

TIPP: Statt mit Pastinaken können Sie die Suppe auch mit Kürbis zubereiten – zum Beispiel mit Hokkaido- oder Butternuss-Kürbis. Beim Hokkaido-Kürbis lässt sich die Schale mitgaren, den Butternuss-Kürbis muss man vorher schälen.

Brokkolisuppe mit Mozzarella

FÜR 2 PERSONEN | 20 MIN. ZUBEREITUNG
NÄHRWERT PRO PORTION: CA. 455 KCAL | 24 G EW | 32 G F | 17 G KH

MIT VIEL VITAMIN C

400 g TK-Brokkoli
1 Zwiebel
1 Knoblauchzehe
1 EL Rapsöl
50 g TK-Erbsen
400 ml Gemüsebrühe
100 g Kochsahne (15 % Fett)
2 EL Pinienkerne
1 EL TK-Petersilie
1 TL getrockneter Oregano
Salz, Pfeffer
125 g Mini-Mozzarellakugeln

1 Den Brokkoli aus dem Tiefkühlfach nehmen und antauen lassen. Inzwischen Zwiebel und Knoblauch schälen und in kleine Würfel schneiden.

2 Das Öl in einem Topf erhitzen und Zwiebel und Knoblauch darin ca. 2 Min. anbraten. Angetauten Brokkoli und gefrorene Erbsen dazugeben und ca. 2 Min. mitdünsten. Dann die Brühe und die Sahne dazugießen. Die Suppe zugedeckt aufkochen und bei mittlerer Hitze ca. 10 Min. garen.

3 Währenddessen die Pinienkerne in einer beschichteten Pfanne ohne Fett bei mittlerer Hitze leicht rösten. Herausnehmen und abkühlen lassen.

4 Die Suppe im Topf mit dem Pürierstab fein pürieren. Petersilie und Oregano hinzufügen und alles mit Salz und Pfeffer würzen. Zum Servieren die Suppe auf Schalen oder tiefe Teller verteilen, die Mozzarellakugeln daraufsetzen und alles mit den Pinienkernen bestreuen.

TIPP: Mit Gemüse aus dem Tiefkühlfach können Sie sich im Handumdrehen etwas Gesundes auf den Tisch zaubern. Es enthält oft mehr Vitamine als frisches Gemüse, das zu lange im Supermarkt, im Kühlschrank oder sogar in der Küche lag. Besonders im Hinblick auf Vitamin C ist TK-Gemüse günstig, weil es direkt nach der Ernte eingefrostet wird.

Gebackene Avocado mit Ei

FÜR 2 PERSONEN | 5 MIN. ZUBEREITUNG | 15 MIN. GAREN
NÄHRWERT PRO PORTION: CA. 285 KCAL | 8 G EW | 28 G F | 1 G KH

MACHT LANGE SATT

1 Avocado
1 TL Zitronensaft
2 Eier (M)
2 Msp. rosenscharfes Paprikapulver
Salz, Pfeffer

1 Den Backofen auf 200° (mit Grillfunktion) vorheizen. Ein Backblech mit Backpapier belegen.

2 Die Avocado halbieren, entkernen und das Fruchtfleisch sofort mit dem Zitronensaft beträufeln, damit es sich nicht bräunlich verfärbt. Die Avocadohälften mit der Öffnung nach oben nebeneinander auf das Blech setzen. Die Eier vorsichtig aufschlagen und jeweils in eine Avocadomulde gleiten lassen (falls nötig, überflüssiges Eiweiß ablaufen lassen und entfernen). Mit Paprikapulver, Salz und Pfeffer würzen.

3 Die Avocadohälften im Ofen (oben) 12–15 Min. garen, die Eier sollen vollständig gestockt sein. Aus dem Ofen nehmen und zum Servieren auf Teller setzen.

TIPP: Dazu passt pro Portion noch eine Scheibe Vollkorn-Dinkelbrot. Wer es knusprig mag, kann die Brotscheiben im Ofen auf dem Blech ca. 5 Min. mitrösten.

Gekochte Eier in grünem Püree

FÜR 2 PERSONEN | 20 MIN. ZUBEREITUNG
NÄHRWERT PRO PORTION: CA. 505 KCAL | 33 G EW | 23 G F | 41 G KH

PROTEINREICH

3 Eier (M)
1 Knoblauchzehe
600 g TK-Erbsen
2 EL Rapsöl
2 EL saure Sahne (10 % Fett)
frisch geriebene Muskatnuss
Salz, Pfeffer
2 EL TK-Petersilie

1 Die Eier in einem Topf in kochendem Wasser in 5–6 Min. wachsweich kochen. Herausnehmen und etwas abkühlen lassen. Inzwischen die Knoblauchzehe schälen und grob hacken.

2 Das Öl in einem Topf erhitzen und den Knoblauch darin mit den gefrorenen Erbsen ca. 5 Min. andünsten. Anschließend 2 EL Wasser und die saure Sahne hinzufügen und alles im Topf mit dem Pürierstab cremig pürieren. Das Püree mit 1 Prise Muskatnuss, Salz und Pfeffer würzen.

3 Zum Servieren die gekochten Eier pellen und halbieren. Das Gemüsepüree auf Schalen oder tiefe Teller verteilen, die Eierhälften daraufsetzen und mit Petersilie bestreuen.

TIPP: Abwechslung gewünscht? Statt zu hart gekochten Eiern schmeckt das grüne Püree auch zu gebratenen Spiegeleiern.

Vegetarische Quesadillas

FÜR 2 PERSONEN | 15 MIN. ZUBEREITUNG
NÄHRWERT PRO PORTION: CA. 365 KCAL | 15 G EW | 22 G F | 30 G KH

MIT VIEL KALZIUM

- *1 gelbe Paprika*
- *3 Frühlingszwiebeln*
- *150 g stückige Tomaten (aus der Dose)*
- *1 TL getrockneter Oregano*
- *1 Msp. Chiliflocken*
- *Salz, Pfeffer*
- *2 große Tortillas (Vollkorn-Weizen- oder Maisfladen)*
- *100 g geriebener Cheddar*

1 Die Paprika waschen, halbieren, weiße Trennwände und Kerne entfernen und die Hälften in sehr feine Streifen schneiden. Die Frühlingszwiebeln putzen, waschen und in feine Ringe schneiden. Die stückigen Tomaten mit Frühlingszwiebeln, Oregano, Chiliflocken, Salz und Pfeffer mischen.

2 Die Tortillas nacheinander in einer Pfanne ohne Fett von beiden Seiten leicht rösten. Jeweils die Hälfte des Cheddars auf jedem Fladen verteilen und leicht schmelzen lassen. Dann eine Hälfte der Tortilla mit der Hälfte der Paprikastreifen belegen und die Hälfte der Tomatenmischung darübergeben.

3 Die freie Tortillahälfte in der Mitte darüberklappen und die Quesadilla vorsichtig auf einen Teller setzen. Mit dem zweiten Fladen und den übrigen Zutaten genauso verfahren und eine zweite Quesadilla zubereiten. Sofort servieren, dazu passt Schwarze-Bohnen-Salsa oder Guacamole.

TIPP: Kalzium ist ein lebenswichtiger Mineralstoff im menschlichen Körper, vor allem kommt er in unseren Knochen und Zähnen vor. Desweiteren wird Kalzium für die Blutgerinnung und die Funktion jeder Körperzelle benötigt. Kalzium stabilisiert die Zellwände, ist an der Signalübermittlung in der Zelle sowie an der Weiterleitung von Reizen im Nervensystem (z. B. Hören, Sehen, Berührungen der Haut) und in der Muskulatur beteiligt. Die empfohlene Kalziumzufuhr für Erwachsene beträgt 1 000 mg pro Tag.

Hirsotto mit Erbsen

FÜR 2 PERSONEN | 5 MIN. ZUBEREITUNG | 15 MIN. GAREN
NÄHRWERT PRO PORTION: CA. 540 KCAL | 28 G EW | 19 G F | 61 G KH

KLASSIKER MAL ANDERS

400 g TK-Erbsen
100 g Hirse
2 EL Olivenöl
1 EL TK-Zwiebelwürfel
2 EL Weißweinessig
1 gehäufter TL Gemüsebrühe (instant)
Salz, Pfeffer
50 g Parmesanspäne
1 EL Zitronensaft
1 EL TK-Petersilie

1 Die Erbsen aus dem Tiefkühlfach nehmen und antauen lassen. Die Hirse in ein Sieb geben, mit heißem Wasser abbrausen und gut abtropfen lassen.

2 Das Öl in einem Topf erhitzen und die Zwiebeln darin bei mittlerer Hitze ca. 2 Min. andünsten. Die Hirse hinzufügen und kurz mitdünsten, dann mit dem Essig ablöschen. Die Gemüsebrühe und 400 ml heißes Wasser dazugeben und alles zugedeckt bei mittlerer Hitze noch ca. 10 Min. garen.

3 Dann die Erbsen hinzufügen und alles noch ca. 5 Min. weiterköcheln lassen, dabei zwischendurch umrühren und bei Bedarf noch etwas Wasser dazugießen.

4 Zum Servieren das Hirsotto mit Salz und Pfeffer würzen. Die Parmesanspäne und den Zitronensaft unterrühren, das Hirsotto auf Teller verteilen und mit der Petersilie bestreuen.

TIPP: Zeit sparen mit fertig gehackten Zwiebeln und Kräutern – das gehört zu den Basics der Expressküche. Wer will, kann beides natürlich auch selbst einfrosten. Zum Einfrieren eignen sich gehackte Kräuterblätter von Petersilie, Basilikum, Liebstöckel, Minze, Estragon sowie Schnittlauchröllchen. Und genauso können Sie bei Zwiebeln variieren: Auch Frühlingszwiebeln oder Schalotten lassen sich prima einfrosten.

Zwei-Bohnen-Chili

FÜR 2 PERSONEN | 10 MIN. ZUBEREITUNG | 10 MIN. GAREN
NÄHRWERT PRO PORTION: CA. 330 KCAL | 14 G EW | 13 G F | 35 G KH

VEGAN

- *1 rote Zwiebel*
- *1 rote Chilischote*
- *120 g Kidneybohnen (aus dem Glas)*
- *240 g schwarze Bohnen (aus dem Glas)*
- *2 EL Olivenöl*
- *1 TL gemahlener Kreuzkümmel*
- *50 ml vegane Gemüsebrühe*
- *400 g stückige Tomaten (aus der Dose)*
- *Salz, Pfeffer*
- *3 Stängel Koriandergrün*

1 Die Zwiebel schälen und in kleine Würfel schneiden. Die Chilischote halbieren, waschen, weiße Trennwände und Kerne entfernen und die Hälften fein hacken. Beide Bohnensorten in einem Sieb abbrausen und abtropfen lassen.

2 Das Öl in einem Topf erhitzen und Zwiebel und Chili mit dem Kreuzkümmel darin andünsten. Die Gemüsebrühe und die stückigen Tomaten dazugießen. Anschließend beide Bohnensorten hinzufügen und alles zugedeckt bei mittlerer Hitze noch ca. 10 Min. garen. Dabei ab und zu umrühren, zuletzt kräftig mit Salz und Pfeffer würzen.

3 Zum Servieren den Koriander waschen, trocken tupfen und die Blätter abzupfen. Das Chili auf Teller verteilen und mit dem Koriander bestreuen.

TIPP: Das vegane Bohnen-Chili lässt sich gut am Vortag schon vorbereiten und schmeckt durchgezogen am nächsten Tag noch besser. Dazu passt am besten Natur-Reis (pro Portion je 60 g Rohgewicht).

Kürbis-Linsen-Püree mit Rucola

FÜR 2 PERSONEN | 20 MIN. ZUBEREITUNG
NÄHRWERT PRO PORTION: CA. 525 KCAL | 23 G EW | 28 G F | 45 G KH

VEGAN

- *300 g TK-Kürbis (ersatzweise TK-Möhren)*
- *100 g rote Linsen*
- *1 EL Olivenöl*
- *1 EL TK-Zwiebelwürfel*
- *1 gestrichener TL vegane Gemüsebrühe (instant)*
- *100 g Rucola*
- *50 g Kürbiskerne*
- *1 Orange*
- *2 EL Kürbiskernöl*
- *Salz, Pfeffer*

1 Den Kürbis aus dem Tiefkühlfach nehmen und antauen lassen. Die Linsen in einem Sieb abbrausen und abtropfen lassen. Das Olivenöl in einem Topf erhitzen und die Zwiebeln darin bei mittlerer Hitze andünsten. Dann Kürbis und Linsen dazugeben, die Gemüsebrühe und ca. 300 ml kochendes Wasser hinzufügen. Alles zugedeckt bei mittlerer Hitze ca. 15 Min. garen.

2 Inzwischen den Rucola verlesen, waschen und trocken schleudern, dabei grobe Stiele entfernen. Die Kürbiskerne in einer beschichteten Pfanne ohne Fett bei mittlerer Hitze ca. 5 Min. leicht rösten. Herausnehmen und abkühlen lassen.

3 Für das Dressing die Orange halbieren, auspressen und etwa die Hälfte des Saftes mit Kürbiskernöl, Salz und Pfeffer verrühren. Den restlichen Orangensaft zu Kürbis und Linsen geben und alles im Topf mit dem Pürierstab grob pürieren, bei Bedarf noch etwas Wasser dazugeben.

4 Zum Servieren das Püree mit Salz und Pfeffer würzen und auf tiefen Tellern anrichten. Den Rucola daraufsetzen, mit dem Dressing beträufeln und mit Kürbiskernen bestreuen.

TIPP: Hier werden drei Kürbisprodukte verarbeitet – daher lohnt sich der Blick auf den Gesundheitswert des Gemüses: Kürbisse haben eine antikanzerogene Wirkung, unter anderem durch das reichlich enthaltene Beta-Carotin, welches im Körper in Vitamin A umgewandelt wird. Die dunkelgrünen Kürbiskerne sind eine gute pflanzliche Eiweißquelle und enthalten viel Magnesium und Zink.

Warmer Bohnensalat mit Burrata

FÜR 2 PERSONEN | 15 MIN. ZUBEREITUNG
NÄHRWERT PRO PORTION: CA. 600 KCAL | 32 G EW | 36 G F | 30 G KH

BALLASTSTOFFREICH

- *1 rote Zwiebel*
- *2 EL Olivenöl*
- *400 g TK-Prinzessbohnen*
- *240 g Wachtelbohnen (aus dem Glas)*
- *Salz*
- *bunter Pfeffer (frisch gemahlen)*
- *2 kleine Burrata-Kugeln (à ca. 100 g; ersatzweise Mozzarella)*
- *2 EL Zitronensaft*

1 Die Zwiebel schälen und in kleine Würfel schneiden. 1 EL Öl in einem Topf erhitzen und die Zwiebelwürfel darin andünsten. Die gefrorenen Bohnen dazugeben und alles zugedeckt bei mittlerer Hitze ca. 6 Min. garen.

2 Inzwischen die Wachtelbohnen in einem Sieb abbrausen und abtropfen lassen. Zu den grünen Bohnen geben und darin ca. 3 Min. erwärmen. Dann alles mit Salz und Pfeffer würzen.

3 Zum Servieren den Bohnen-Mix auf Teller verteilen, jeweils 1 Burrata-Kugel daraufsetzen und in der Mitte mit zwei Gabeln etwas auseinanderziehen. Mit dem restlichen Öl und dem Zitronensaft beträufeln und mit Salz und buntem Pfeffer bestreuen.

Gefüllte Paprika mit schwarzen Bohnen

FÜR 2 PERSONEN | 10 MIN. ZUBEREITUNG | 15 MIN. GAREN
NÄHRWERT PRO PORTION: CA. 560 KCAL | 42 G EW | 32 G F | 23 G KH

PROTEINREICH

2 große rote Paprikas

240 g schwarze Bohnen (aus dem Glas)

150 g geräucherter Tofu

150 g geriebener Emmentaler

1 EL getrockneter Rosmarin

½ TL Knoblauchpulver

Salz, Pfeffer

1 Den Backofen auf 220° vorheizen. Ein Backblech mit Backpapier belegen. Die Paprikas waschen, halbieren, weiße Trennwände und Kerne entfernen und die Hälften mit der Öffnung nach oben nebeneinander auf das Blech setzen.

2 Die Bohnen in einem Sieb abbrausen und abtropfen lassen. Den Tofu zerbröseln und in eine große Schüssel geben. Bohnen, 75 g geriebenen Emmentaler, Rosmarin, Knoblauch, Salz und Pfeffer hinzufügen und alles gut mischen.

3 Die Paprikahälften mit dem Bohnen-Tofu-Mix füllen und mit dem restlichen Käse bestreuen. Im Ofen (Mitte) ca. 15 Min. garen. Herausnehmen und vor dem Servieren kurz abkühlen lassen.

TIPP: Als Dip passen zu den gefüllten Ofenpaprika 2 EL Kräuterquark oder ein Pesto nach Wahl. Getrocknete Würzzutaten wie Knoblauchpulver oder Zwiebelwürfel sparen Zeit und peppen jedes Gericht auf – ideal für die schnelle Küche!

Ofengemüse mit rotem Pesto

FÜR 2 PERSONEN | 10 MIN. ZUBEREITUNG | 15 MIN. GAREN
NÄHRWERT PRO PORTION: CA. 455 KCAL | 20 G EW | 30 G F | 24 G KH

AUCH FÜR GÄSTE

240 g Kichererbsen (aus dem Glas)

1 Zucchino

250 g Kirschtomaten

2 EL TK-Zwiebelwürfel

100 g Schafskäse (z. B. Feta; 45 %Fett i. Tr.)

1 Knoblauchzehe

100 g rotes Pesto (am besten mit Olivenöl)

1 Den Backofen auf 200° (Umluft) vorheizen. Ein Backblech mit Backpapier belegen.

2 Die Kichererbsen in einem Sieb abbrausen und abtropfen lassen. Den Zucchino putzen, waschen, der Länge nach halbieren, in Scheiben schneiden und in eine Schüssel geben. Die Tomaten waschen und mit den Kichererbsen und den Zwiebeln zu den Zucchinischeiben geben.

3 Den Schafskäse über das Gemüse bröseln. Den Knoblauch schälen, dazupressen und alles mit dem Pesto gut vermischen.

4 Das Gemüse auf das Blech geben und gleichmäßig verteilen. Im Ofen (Mitte) ca. 15 Min. garen. Herausnehmen und vor dem Servieren kurz abkühlen lassen.

TIPP: Zucchini, Tomaten, Zwiebeln und vorgegarte Kichererbsen eignen sich ideal als schnelles Ofengemüse, das im Handumdrehen köstlich aromatisch auf Ihrem Teller duftet. Wer will, kann auch noch Champignons oder Paprika mit aufs Blech legen – sie haben ebenfalls eine kurze Garzeit und müssen nicht aufwendig geschält werden.

Gebratener Fenchel mit Kräutertofu

FÜR 2 PERSONEN | 20 MIN. ZUBEREITUNG
NÄHRWERT PRO PORTION: CA. 360 KCAL | 25 G EW | 24 G F | 12 G KH

VITAMIN-POWER

- *2 Fenchel*
- *2 EL Olivenöl*
- *2 EL TK-Zwiebelwürfel*
- *400 g Tofu (natur oder geräuchert)*
- *1 Knoblauchzehe*
- *½ TL flüssiger Honig*
- *½ Bio-Zitrone*
- *2 EL italien. TK-Kräuter*
- *Salz, Pfeffer*

1 Die Fenchel putzen und waschen, dann halbieren und in feine Scheiben schneiden. Das Öl in einer beschichteten Pfanne erhitzen und die Zwiebeln darin bei mittlerer Hitze 2–3 Min. glasig dünsten. Dann den Fenchel dazugeben und mitdünsten.

2 Währenddessen den Tofu in Würfel schneiden. Den Knoblauch schälen und in kleine Würfel schneiden, dann mit dem Tofu, dem Honig und 1 EL Wasser zum Fenchel geben. Das Gemüse noch ca. 10 Min. garen.

3 Inzwischen die Zitrone heiß waschen, abtrocknen und die Schale abreiben, den Saft auspressen. Zum Servieren Zitronenschale und -saft zum Fenchel geben, alles mit den Kräutern und mit Salz und Pfeffer würzen und auf Teller verteilen.

TIPP: Der Tofu bereichert das Gericht um eine wichtige Eiweißkomponente – er hält uns lange satt und versorgt uns mit wertvollem Pflanzeneiweiß.

Linsennudeln mit Radicchio

FÜR 2 PERSONEN | 15 MIN. ZUBEREITUNG
NÄHRWERT PRO PORTION: CA. 360 KCAL | 18 G EW | 14 G F | 41 G KH

BALLASTSTOFFREICH

- *120 g Linsennudeln (ersatzweise Pasta aus grünen Erbsen)*
- *Salz*
- *1 Zucchino*
- *2 EL Olivenöl*
- *2 EL TK-Zwiebelwürfel*
- *1 EL getrockneter Oregano*
- *1 kleiner Radicchio*
- *1 EL grünes Pesto*
- *bunter Pfeffer (frisch gemahlen)*

1 Die Nudeln nach Packungsanweisung in Salzwasser bissfest garen, dann in einem Sieb abtropfen lassen. (Achtung, das Nudelkochwasser kann bei Pasta aus Hülsenfrüchten stark schäumen!)

2 Währenddessen den Zucchino putzen, waschen, längs halbieren und in Scheiben schneiden. Das Öl in einer Pfanne erhitzen und die Zwiebeln darin bei mittlerer Hitze glasig dünsten. Zucchino und Oregano dazugeben und alles noch ca. 5 Min. leicht dünsten. Währenddessen den Radicchio putzen, waschen und in feine Streifen schneiden.

3 Zum Servieren die Pfanne vom Herd nehmen und Radicchiostreifen, Linsennudeln und Pesto unter die Zucchinischeiben mengen. Mit Salz und Pfeffer würzen und auf tiefe Teller verteilen.

TIPP: Wer die Pasta noch toppen möchte, kann dazu 2 EL geröstete Pinienkerne darübergeben. Nicht-Veganer können die Pasta auch mit 50 g geriebenem Parmesan bestreuen.

Überbackene Polenta mit Zucchini

FÜR 2 PERSONEN | 15 MIN. ZUBEREITUNG | 10 MIN. GAREN
NÄHRWERT PRO PORTION: CA. 565 KCAL | 25 G EW | 31 G F | 46 G KH

MIT VIEL KALZIUM

- *1 Knoblauchzehe*
- *1 gestrichener TL Gemüsebrühe (instant)*
- *100 g Polenta (Maisgrieß)*
- *1 TL getrockneter Rosmarin*
- *2 große Tomaten*
- *200 g Mozzarella*
- *1 Zucchino*
- *1 EL Olivenöl*
- *Salz, Pfeffer*
- *10 Blätter Basilikum*
- *Öl für die Form*

1 Den Backofen auf 220° vorheizen. Eine kleine Auflaufform mit Öl einfetten. Den Knoblauch schälen.

2 In einem Topf ca. 300 ml Wasser aufkochen. Gemüsebrühe, Polenta und Rosmarin mit einem Schneebesen einrühren, den Knoblauch dazupressen und untermischen. Alles unter Rühren einmal aufkochen, danach sofort in die Auflaufform geben, gleichmäßig verteilen und glatt streichen.

3 Die Tomaten waschen und in Scheiben schneiden, dabei die Stielansätze entfernen. Den Mozzarella ebenfalls in Scheiben schneiden. Tomaten- und Mozzarellascheiben dachziegelartig auf der Polenta verteilen und alles im Ofen (Mitte) ca. 10 Min. überbacken.

4 Währenddessen den Zucchino putzen, waschen und in dünne Scheiben schneiden. Das Öl in einer Pfanne erhitzen und den Zucchino darin bei mittlerer Hitze 5–10 Min. leicht anbraten, mit Salz und Pfeffer würzen. Inzwischen das Basilikum waschen und trocken tupfen.

5 Zum Servieren die überbackene Polenta aus dem Ofen nehmen, auf Teller verteilen und die Zucchinischeiben danebensetzen. Mit dem Basilikum garnieren.

Vietnamesischer Reisnudelsalat

FÜR 2 PERSONEN | 20 MIN. ZUBEREITUNG
NÄHRWERT PRO PORTION: CA. 500 KCAL | 23 G EW | 20 G F | 55 G KH

ASIA-KLASSIKER

½ Salatgurke
1 Möhre
100 g Mungbohnensprossen
100 g dünne Reisnudeln
2 EL Sojasauce
1 EL Limettensaft
1 EL Reisessig
1 EL Erdnussmus
5 Stängel Koriandergrün
5 Stängel Minze
40 g Cashewkerne
100 g rohe Garnelen (frisch oder TK; küchenfertig)
1 EL natives Kokosöl

1 Die Salatgurke putzen, waschen und in feine Streifen schneiden. Die Möhre waschen, putzen und auf der Gemüsereibe grob raspeln oder mit dem Sparschäler in Streifen schneiden.

2 Die Mungbohnensprossen in einem Sieb mit heißem Wasser aus dem Wasserkocher überbrühen und abtropfen lassen. Die Reisnudeln nach Packungsanweisung mit heißem Wasser überbrühen. Für die Marinade Sojasauce, Limettensaft, Reisessig und Erdnussmus verquirlen.

3 Die Reisnudeln mit der Marinade vermengen, dann die Gemüsestreifen und Sprossen untermischen. Koriander und Minze waschen, trocken tupfen und die Blätter samt Stängeln grob hacken. Die Cashewkerne ebenfalls hacken und mit den Kräutern über den Salat geben.

4 Die Garnelen waschen und trocken tupfen (TK-Ware rechtzeitig auftauen lassen und die Auftauflüssigkeit abgießen). Dann in einer Pfanne im Öl rundum ca. 3 Min. braten. Den Reissalat auf Teller verteilen und die Garnelen daraufsetzen.

TIPP: Wer es gern würziger mag, kann noch 1 Msp. Chiliflocken in die Marinade mischen. Reisnudeln sind eine gute Ergänzung für die Expressküche – denn sie müssen nicht im eigentlichen Sinn in Wasser kochen, sondern lediglich wenige Minuten in heißem Wasser quellen.

Schnelles Garnelencurry

FÜR 2 PERSONEN | 20 MIN. ZUBEREITUNG
NÄHRWERT PRO PORTION: CA. 470 KCAL | 32 G EW | 27 G F | 21 G KH

EXOTISCH

- *1 Zwiebel*
- *1 Knoblauchzehe*
- *1 Stück Ingwer (ca. 3 cm lang)*
- *1 rote Chilischote*
- *250 g Zuckerschoten*
- *2 Bio-Möhren*
- *250 g rohe Garnelen (frisch oder TK; küchenfertig)*
- *1 EL Erdnussöl*
- *200 ml Kokosmilch (aus der Dose)*
- *1 El Sojasauce*
- *1 EL Currypulver*
- *2 EL gehacktes Koriandergrün (frisch oder TK)*

1 Zwiebel, Knoblauch und Ingwer schälen und in kleine Würfel schneiden. Die Chilischote längs halbieren, waschen, weiße Trennwände und Kerne entfernen und die Hälften fein hacken.

2 Die Zuckerschoten und Möhren putzen und waschen, die Möhren in dünne Scheiben schneiden. Die Garnelen waschen und trocken tupfen (TK-Ware rechtzeitig auftauen lassen und die Auftauflüssigkeit abgießen).

3 Das Öl in einer Pfanne erhitzen und die Garnelen darin bei mittlerer Hitze von jeder Seite ca. 3 Min. anbraten. Zwiebel, Knoblauch, Ingwer, Chili, Zuckerschoten und Möhren hinzufügen und alles noch ca. 2 Min. weitergaren. Die Garnelen herausnehmen und beiseitestellen.

4 Das Gemüse mit der Kokosmilch ablöschen und mit Sojasauce und Currypulver würzen. Alles einmal aufkochen, dann bei niedriger Hitze noch ca. 5 Min. köcheln lassen. Die Garnelen kurz vor dem Servieren ins Curry geben und darin leicht erwärmen. Zum Servieren das Curry auf tiefe Teller verteilen und mit dem Koriander bestreuen.

TIPP: Zum Garnelencurry passt am besten Natur-Reis oder Quinoa (pro Portion je 50 g Rohgewicht).

Lachspäckchen mit Pak Choi

FÜR 2 PERSONEN | 10 MIN. ZUBEREITUNG | 15 MIN. GAREN
NÄHRWERT PRO PORTION: CA. 460 KCAL | 33 G EW | 34 G F | 4 G KH

MIT VIEL OMEGA-3-FETTSÄUREN

- *400 g Mini-Pak Choi*
- *6 Champignons*
- *1 EL Limettensaft*
- *2 EL Sojasauce*
- *2 EL Sesamöl*
- *1 EL heller Sesam*
- *Pfeffer*
- *2 Lachsfilets (à ca. 150 g)*

1 Den Backofen auf 180° vorheizen. Den Pak Choi putzen, waschen und Blätter sowie Stiele in Streifen schneiden. Die Pilze putzen, bei Bedarf mit einem Tuch abreiben und vierteln. Pak Choi und Champignons in eine Schüssel geben und mit Limettensaft, Sojasauce, Sesamöl, Sesam und Pfeffer vermengen.

2 Die Lachsfilets waschen und trocken tupfen. Jeweils auf ein Blatt Backpapier legen und die Hälfte des marinierten Gemüses daraufschichten. Das Backpapier über Fisch und Gemüse zusammenfalten und an den Enden mit Küchengarn so verschließen, dass eine Art »Bonbon-Päckchen« entsteht.

3 Die Päckchen im Ofen (Mitte) ca. 15 Min. garen. Zum Servieren aus dem Ofen nehmen, auf Teller setzen und öffnen (Achtung, heißer Dampf entweicht!).

TIPP: Statt Pak Choi lässt sich der Lachs auch mit zerkleinertem Mangold oder Fenchel belegen. Pak Choi enthält Vitamin A, C und Folsäure und liefert reichlich sekundäre Pflanzenstoffe – er zählt zu den entzündungshemmenden Lebensmitteln.

Spitzkohlpfanne mit Schollenfilet

FÜR 2 PERSONEN | 20 MIN. ZUBEREITUNG
NÄHRWERT PRO PORTION: CA. 435 KCAL | 35 G EW | 23 G F | 16 G KH

PROTEINREICH

- *1 Zwiebel*
- *300 g Spitzkohl*
- *2 Möhren*
- *2 EL Rapsöl*
- *2 Schollenfilets (à ca. 120 g)*
- *1 EL natives Kokosöl*
- *Salz, Pfeffer*
- *100 g Frischkäse (20 % Fett)*
- *150 ml Milch (1,5 % Fett)*
- *1 gestrichener TL Gemüsebrühe (instant)*
- *50 ml trockener Weißwein*
- *frisch geriebene Muskatnuss*
- *½ Bio-Zitrone*

1 Die Zwiebel schälen und in kleine Würfel schneiden. Den Spitzkohl putzen und in feine Streifen schneiden. Die Möhren putzen, waschen und auf der Gemüsereibe grob raspeln. Das Rapsöl in einer Pfanne erhitzen und die Zwiebel darin kurz andünsten. Den Spitzkohl hinzufügen und alles ca. 7 Min. unter Wenden braten.

2 Währenddessen die Schollenfilets waschen und trocken tupfen. In einer zweiten Pfanne im Kokosöl bei mittlerer Hitze ca. 2 Min. anbraten, dann wenden und die gebratene Seite mit Salz und Pfeffer würzen. Auf der anderen Seite ebenfalls ca. 2 Min. braten.

3 Möhrenraspel, Frischkäse, Milch, Gemüsebrühe und Weißwein zum Spitzkohl hinzufügen. Alles mit Salz, Pfeffer und Muskatnuss würzen und noch ca. 4 Min. garen.

4 Inzwischen die Zitrone heiß waschen, abtrocknen und in Scheiben schneiden. Zum Servieren die Schollenfilets auf Teller verteilen und mit den Zitronenscheiben garnieren, den Spitzkohl danebensetzen.

TIPP: Alle Kohlsorten, aber auch Meerrettich und würzige Salatsorten wie Rucola oder Radicchio enthalten reichlich gesunde Schwefelverbindungen. Schwefel ist für den Körper essenziell – denn er wirkt bei Aufbau und Struktur von Muskeln, Knorpel und Knochen mit. Auch für gesunde Haut, Haare und Nägel und die Elastizität des Bindegewebes ist Schwefel mitverantwortlich. Schließlich profitiert sogar unsere Darmflora von gesunden Schwefelverbindungen.

Kabeljau mit Kichererbsen und Spinat

FÜR 2 PERSONEN | 20 MIN. ZUBEREITUNG
NÄHRWERT PRO PORTION: CA. 295 KCAL | 33 G EW | 13 G F | 11 G KH

MIT VIEL FOLSÄURE

500 g TK-Blattspinat
1 Knoblauchzehe
150 g Kichererbsen (aus dem Glas)
¼ TL gemahlener Kreuzkümmel
Salz, Pfeffer
frisch geriebene Muskatnuss
2 Kabeljaufilets (à ca. 125 g)
2 EL (teil-)entöltes Kokosmehl
2 EL Rapsöl
½ Bio-Zitrone

1 Den gefrorenen Spinat in einem Topf mit 2 EL Wasser kurz aufkochen und auftauen lassen. Den Knoblauch schälen und zum Spinat pressen, alles zugedeckt bei niedriger Hitze noch ca. 8 Min. garen.

2 Währenddessen die Kichererbsen in einem Sieb abbrausen und abtropfen lassen, nach ca. 5 Min. Garzeit zum Spinat hinzufügen. Alles mit Kreuzkümmel, Salz, Pfeffer und Muskatnuss würzen und noch ca. 3 Min. garen.

3 Inzwischen den Kabeljau waschen, trocken tupfen, rundum mit Kokosmehl bestreuen und das Mehl leicht andrücken. Das Öl in einer Pfanne erhitzen und den Kabeljau darin von beiden Seiten ca. 3 Min. braten, dabei leicht salzen und pfeffern.

4 Die Zitrone heiß waschen, abtrocknen und in Scheiben schneiden. Zum Servieren Kabeljau und Gemüse auf Teller verteilen und mit den Zitronenscheiben garnieren.

TIPP: Als Alternative zu Kabeljau können Sie auch Rotbarsch oder Seelachs verwenden. Dünne Fischfilets sind ideal in der Expressküche, denn sie benötigen keine lange Garzeit. Noch schneller geht's, wenn Sie den Fisch zum Dünsten einfach auf das Gemüse in der Pfanne legen oder ohne Mehlieren im Öl braten.

One-Pot-Zucchinipasta mit Lachs

FÜR 2 PERSONEN | 15 MIN. ZUBEREITUNG
NÄHRWERT PRO PORTION: CA. 555 KCAL | 41 G EW | 36 G F | 14 G KH

MIT VIEL OMEGA-3-FETTSÄUREN

1 Zwiebel
2 Knoblauchzehen
250 g Lachsfilet
2 Zucchini
2 EL Rapsöl
100 g Frischkäse (20 % Fett)
80 ml Milch (1,5 % Fett)
1 Msp. Chilipulver
Salz, Pfeffer
4 getrocknete Tomaten
1 EL TK-Petersilie
20 g Parmesanspäne

1 Zwiebel und Knoblauch schälen und klein würfeln. Das Lachsfilet waschen, trocken tupfen und in ca. 1 cm breite Streifen schneiden. Die Zucchini putzen, waschen und mit dem Sparschäler längs in spaghettiähnliche Streifen schneiden (alternativ mit einem Spiralschneider arbeiten).

2 Das Öl in einer Pfanne erhitzen und die Lachsstreifen mit den Zwiebel- und Knoblauchwürfeln darin bei mittlerer Hitze ca. 3 Min. anbraten. Frischkäse und Milch unterrühren, dann die Zucchinispaghetti unterheben. Alles mit Chilipulver, Salz und Pfeffer würzen und noch ca. 3 Min. garen.

3 Inzwischen getrocknete Tomaten in kleine Stücke schneiden. Tomaten und Petersilie mit in die Pfanne geben und unterrühren. Zum Servieren die Pasta auf Teller verteilen und mit Parmesan bestreuen.

TIPP: Neben Zucchini eignen sich auch andere Gemüsesorten hervorragend zur Herstellung von Gemüsenudeln: Möhren, Pastinaken, Spargel, Kohlrabis, Rote Beten, Hokkaido-Kürbis, Süßkartoffeln, Salatgurken, Rettich oder Steckrüben. Praktisch: Mit einem speziellen Spiralschneider erhalten Sie im Handumdrehen dünne Spiralnudeln aus Ihrem Gemüse!

Putengeschnetzeltes mit Erbsennudeln

FÜR 2 PERSONEN | 20 MIN. ZUBEREITUNG
NÄHRWERT PRO PORTION: CA. 515 KCAL | 45 G EW | 19 G F | 38 G KH

HÄLT LANGE SATT

- *200 g Champignons*
- *1 kleine rote Paprika*
- *2 EL Rapsöl*
- *250 g Putengeschnetzeltes*
- *1 EL TK-Zwiebelwürfel*
- *100 g Erbsennudeln (ersatzweise Pasta aus roten Linsen oder Kichererbsen)*
- *Salz*
- *80 ml Kochsahne (15 % Fett)*
- *80 ml Orangensaft (100 % Direktsaft)*
- *½ TL gemahlene Kurkuma*
- *1 TL rosenscharfes Paprikapulver*
- *½ TL Knoblauchpulver*
- *2 TL Sojasauce*

1 Die Champignons putzen, bei Bedarf mit einem Tuch abreiben und vierteln. Die Paprika waschen, halbieren, weiße Trennwände und Kerne entfernen und die Hälften in schmale Streifen schneiden.

2 Das Öl in einer Pfanne erhitzen und das Putengeschnetzelte darin unter Wenden ca. 4 Min. anbraten. Zwiebelwürfel, Champignons und Paprikastreifen dazugeben und alles noch ca. 4 Min. braten.

3 Inzwischen die Erbsennudeln nach Packungsanweisung in Salzwasser bissfest garen, danach in einem Sieb abtropfen lassen. (Achtung, das Nudelkochwasser kann bei Pasta aus Hülsenfrüchten stark schäumen!)

4 Währenddessen Kochsahne, Orangensaft, Kurkuma, Paprika- und Knoblauchpulver sowie Sojasauce zum Geschnetzelten geben und unterrühren. Alles nochmals kurz aufkochen, dann bei niedriger Hitze noch ca. 2 Min. ziehen lassen.

5 Zum Servieren die Erbsennudeln mit dem Putengeschnetzelten auf Tellern anrichten.

TIPP: Nudeln aus Hülsenfrüchten wie roten Linsen, Erbsen und Kichererbsen sind eine super Low-Carb-Variante zu herkömmlicher Pasta aus Getreide. Sie sättigen länger dank der vielen Ballaststoffe und enthalten wertvolles pflanzliches Eiweiß – für den doppelten Sättigungseffekt! Außerdem haben Nudeln aus Hülsenfrüchten eine kürzere Garzeit als Getreidepasta und eignen sich daher bestens für die Expressküche.

Blumenkohl-Puten-Curry

FÜR 2 PERSONEN | 20 MIN. ZUBEREITUNG
NÄHRWERT PRO PORTION: CA. 635 KCAL | 45 G EW | 41 G F | 20 G KH

REICH AN ANTIOXIDANTIEN

- *1 Zwiebel*
- *1 Knoblauch*
- *1 Stück Ingwer (ca. 1 cm lang)*
- *1 kleiner Blumenkohl*
- *1 Zucchino*
- *2 EL Olivenöl*
- *250 g Putengeschnetzeltes*
- *1½ EL Currypulver*
- *1 EL Sojasauce*
- *Pfeffer*
- *250 ml Kokosmilch (aus der Dose)*
- *20 g Cashewkerne*
- *1 TL Zitronensaft*
- *Salz*

1 Zwiebel, Knoblauch und Ingwer schälen und in kleine Würfel schneiden. Den Blumenkohl putzen, waschen und in kleine Röschen teilen. Den Zucchino putzen, waschen, halbieren und in Streifen schneiden.

2 Das Öl in einem Topf erhitzen und das Putengeschnetzelte darin anbraten. Zwiebel, Knoblauch und Ingwer hinzufügen und alles unter Wenden ca. 2 Min. braten. Den Blumenkohl hinzufügen und weitere 2 Min. braten.

3 Zucchino, Currypulver und Sojasauce hinzufügen, alles mit Pfeffer würzen und die Kokosmilch dazugießen. Das Curry zugedeckt bei niedriger Hitze ca. 10 Min. köcheln lassen.

4 Inzwischen die Cashewkerne halbieren. Zum Servieren den Zitronensaft zum Curry hinzufügen und unterrühren, dann alles nochmals mit Salz abschmecken. Das Curry auf tiefe Teller verteilen und mit den Cashewkernen bestreuen.

TIPP: Die sekundären Pflanzenstoffe aus Ingwer, Zwiebel und Currypulver sind sehr gesundheitsförderlich und machen das Curry zum reinsten Healthfood.

Hähnchen-Saté-Spieße mit Currydip

FÜR 2 PERSONEN | 20 MIN. ZUBEREITUNG
NÄHRWERT PRO PORTION: CA. 375 KCAL | 44 G EW | 14 G F | 16 G KH

PROTEINREICH

- *250 g Hähnchenbrustfilet*
- *2 EL Sojasauce*
- *3 Möhren*
- *1 Kohlrabi*
- *150 g Magerquark*
- *50 g Joghurt (1,5 % Fett)*
- *2 EL Erdnussöl*
- *1 TL Currypulver*
- *1 Msp. gemahlener Koriander*
- *1 TL heller Sesam*
- *Salz, Pfeffer*
- *4 Saté- oder Holzspieße*

1 Das Fleisch der Länge nach in vier ca. 1,5 cm breite Streifen schneiden. Jeden Hähnchenbruststreifen ziehharmonikaartig auf einen Spieß stecken. Die Spieße in eine flache Schale legen, mit der Sojasauce beträufeln und ca. 10 Min. ziehen lassen.

2 Inzwischen Möhren und Kohlrabi putzen, schälen und in ca. 1,5 cm breite Stifte schneiden. Den Quark in einer kleinen Schüssel mit Joghurt, 1 EL Öl, Currypulver und Koriander mit einem Schneebesen gut verrühren. Den Sesam hinzufügen und den Dip mit Salz und Pfeffer abschmecken.

3 In einer Pfanne den übrigen 1 EL Öl erhitzen und die Spieße darin unter Wenden 4–5 Min. anbraten, dabei mit Salz und Pfeffer würzen. Zum Servieren die Hähnchen-Saté-Spieße mit den Gemüsestiften auf Teller setzen und den Dip dazu reichen.

TIPP: Einmal kochen, zweimal essen – so funktioniert im Idealfall die Expressküche: Die Spieße lassen sich auch gut in doppelter Menge zubereiten und am nächsten Tag noch mal aufwärmen oder mit ins Büro nehmen.

Mediterrane Hähnchenpfanne

FÜR 2 PERSONEN | 20 MIN. ZUBEREITUNG
NÄHRWERT PRO PORTION: CA. 304 KCAL | 37 G EW | 15 G F | 7 G KH

PROTEINREICH

- *1 Knoblauchzehe*
- *250 g Kirschtomaten*
- *½ Bund Basilikum*
- *1 EL Olivenöl*
- *2 Hähnchenbrustfilets (à ca. 150 g)*
- *1 EL Kapern*
- *40 g Kalamata-Oliven (entsteint)*
- *Salz, Pfeffer*

1 Den Knoblauch schälen und in kleine Würfel schneiden. Die Tomaten waschen und am Stielansatz einritzen. Das Basilikum waschen, trocken tupfen und die Blätter abzupfen.

2 Das Öl in einer beschichteten Pfanne erhitzen und den Knoblauch darin bei mittlerer Hitze andünsten. Das Fleisch in die Pfanne geben und auf beiden Seiten ca. 3 Min. scharf anbraten. Zuletzt die Tomaten hinzufügen und ca. 5 Min. mitgaren.

3 Währenddessen die Kapern abtropfen lassen und mit den Oliven und dem Basilikum zur Hähnchenpfanne geben. Zum Servieren mit Salz und Pfeffer würzen und auf Teller verteilen.

TIPP: Zur Hähnchenpfanne passt Natur-Reis oder Couscous (pro Portion je 50 g Rohgewicht), alternativ auch ein Vollkornbaguette.

Rosenkohlauflauf mit Hackfleisch

FÜR 2 PERSONEN | 10 MIN. ZUBEREITUNG | 15 MIN. GAREN
NÄHRWERT PRO PORTION: CA. 605 KCAL | 61 G EW | 30 G F | 21 G KH

HÄLT LANGE SATT

- *500 g TK-Rosenkohl*
- *200 g Lupinen (aus dem Glas; ersatzweise weiße Riesenbohnen; s. Tipp)*
- *1 rote Zwiebel*
- *1 EL Rapsöl*
- *200 g Rinderhackfleisch*
- *2 EL getrocknete gemischte Kräuter (z. B. Kräuter der Provence)*
- *1 TL rosenscharfes Paprikapulver*
- *Salz, Pfeffer*
- *80 g geriebener Edamer (40 % Fett i. Tr.)*

1 Den Backofen auf 220° vorheizen. Den Rosenkohl in einer Schüssel (Achtung: kein Metall in die Mikrowelle stellen!) mit 2 EL Wasser in der Mikrowelle bei 240 Watt ca. 3 Min. auftauen. (Alternativ den Rosenkohl 1 Std. vorher aus dem Tiefkühlfach nehmen und auftauen lassen.)

2 Währenddessen die Lupinen in einem Sieb abbrausen und abtropfen lassen. Die Zwiebel schälen und in kleine Würfel schneiden. Das Öl in einer Pfanne erhitzen und Zwiebel und Rinderhackfleisch darin ca. 2 Min. unter Wenden krümelig anbraten.

3 Rosenkohl und Lupinen zur Zwiebel-Hack-Mischung geben, alles kurz vermengen und mit Kräutern, Paprikapulver, Salz und Pfeffer würzen.

4 Die Mischung in eine Auflaufform füllen und gleichmäßig mit dem Käse bestreuen. Den Auflauf im Ofen (Mitte) ca. 15 Min. garen. Herausnehmen und vor dem Servieren kurz abkühlen lassen.

TIPP: Für eine Veggie-Variante können Sie anstelle von Rinderhackfleisch Tofuhack verwenden – dieses einfach nach Packungsanweisung zubereiten. Vorgegarte Lupinen findet man in spanisch-portugiesischen Feinkostläden unter dem Namen »Altramuces« beziehungsweise »Tremoços«.

Asiatische Linsen-Gemüse-Hackpfanne

FÜR 2 PERSONEN | 10 MIN. ZUBEREITUNG | 10 MIN. GAREN
NÄHRWERT PRO PORTION: CA. 610 KCAL | 45 G EW | 29 G F | 39 G KH

PROTEINREICH

- *1 Zwiebel*
- *100 g rote Linsen*
- *2 EL natives Kokosöl*
- *250 g Rinderhackfleisch*
- *400 g TK-Asia-Gemüse (ohne Butter oder Gewürze; s. Tipp)*
- *250 ml Gemüsebrühe*
- *1 TL Sojasauce*
- *1 Msp. Chiliflocken*
- *Pfeffer*

1 Die Zwiebel schälen und in kleine Würfel schneiden. Die Linsen in einem Sieb abbrausen und abtropfen lassen. Das Öl in einer Pfanne erhitzen und Zwiebel und Linsen darin ca. 2 Min. andünsten. Das Hackfleisch hinzufügen und unter Wenden ca. 3 Min. krümelig anbraten.

2 Anschließend die TK-Gemüsemischung in die Pfanne dazugeben. Mit der Gemüsebrühe ablöschen und die Sojasauce hinzufügen. Alles mit Chili und Pfeffer würzen.

3 Die Hackpfanne zugedeckt auf mittlerer Stufe noch ca. 10 Min. garen, dabei ab und zu umrühren. Zum Servieren auf Schalen oder tiefe Teller verteilen.

TIPP: Bei TK-Gemüse sollten Sie immer darauf achten, dass ausschließlich Gemüse enthalten ist und keine weiteren Zutaten wie Gewürze oder Saucen. Dahinter können sich nämlich Sahne, Butter, Zucker oder Speisestärke verbergen, welche das Kalorienkonto unnötig belasten. Der Blick auf die Zutatenliste lohnt sich also!

Minutensteaks mit Thymiansauce

FÜR 2 PERSONEN | 16 MIN. ZUBEREITUNG
NÄHRWERT PRO PORTION: CA. 550 KCAL | 49 G EW | 32 G F | 17 G KH

AUCH FÜR GÄSTE

- *400 g grüne TK-Bohnen*
- *2 EL Rapsöl*
- *4 Rinderminutensteaks (à ca. 100 g)*
- *Salz, Pfeffer*
- *2 EL helles Mandelmus*
- *1 TL getrockneter Thymian*
- *½ TL rosenscharfes Paprikapulver*
- *½ TL Sojasauce*

1 Den Backofen auf 80° vorheizen. In einen Topf bodenbedeckend Salzwasser füllen. Die tiefgefrorenen Bohnen darin einmal aufkochen, dann zugedeckt bei mittlerer Hitze ca. 5 Min. garen. In ein Sieb abgießen und abtropfen lassen, dabei das Kochwasser auffangen.

2 Währenddessen das Öl in einer Pfanne erhitzen und die Steaks darin auf jeder Seite ca. 30 Sek. braten. Die Steaks herausnehmen, mit Salz und Pfeffer würzen und auf einem Teller im Ofen warm halten.

3 Das aufgefangene Bohnenkochwasser in die Pfanne von den Steaks zum Bratensud geben und mit dem Mandelmus gut verrühren. Thymian und Paprikapulver hinzufügen und die sauce mit Sojasauce abschmecken. Unter Rühren kurz aufkochen.

4 Zum Servieren die Bohnen neben den Steaks auf Tellern anrichten, dabei die Steaks nach Belieben in Streifen schneiden. Beides mit der sauce beträufeln.

TIPP: Minutensteaks gibt es vom Schwein und vom Rind im Angebot. Das Fleisch ist dabei jeweils dünn geschnitten und zart, sodass es in meist nur 30 Sek. gar ist. Perfekt für die Expressküche!

Grüner Gazpacho

FÜR 2 PERSONEN | 15 MIN. ZUBEREITUNG
NÄHRWERT PRO PORTION: CA. 480 KCAL | 17 G EW | 36 G F | 19 G KH

GUT ZUM MITNEHMEN

2 grüne Paprikas
½ Salatgurke
½ Kohlrabi
1 kleiner Fenchel
1 kleine Frühlingszwiebel
3 Stängel Petersilie
6 Blätter Minze
2 EL zarte Haferflocken
2 EL Walnussöl
½ Limette
Salz, Pfeffer
100 g Schafskäse (z. B. Feta; 45 % Fett i. Tr.)
50 g Walnusskerne

1 Die Paprikas waschen, halbieren, weiße Trennwände und Kerne entfernen und die Hälften in Stücke schneiden. Die Salatgurke putzen, waschen und in Stücke schneiden. Den Kohlrabi schälen und in Stücke schneiden. Den Fenchel und die Frühlingszwiebel putzen, waschen und in Stücke schneiden.

2 Petersilie und Minze waschen und trocken tupfen. Die Blätter der Petersilie abzupfen und mit der Minze grob hacken. Wer will, kann das Fenchelgrün noch extra klein hacken und zum Garnieren verwenden.

3 Das Gemüse und die Kräuter in den Standmixer geben und Haferflocken und Öl hinzufügen. Die Limette auspressen und den Saft dazugießen. Alles fein pürieren und den Gazpacho mit Salz und Pfeffer würzen.

4 Den Feta grob zerkrümeln. Die Walnüsse grob hacken. Zum Servieren den Gazpacho auf Schalen verteilen und mit Feta und Walnüssen bestreuen.

TIPP: Vor allem im Sommer tut diese leichte Gemüsesuppe gut, wenn sie gekühlt serviert wird – dazu einfach nach dem Pürieren 1–2 Std. im Kühlschrank durchziehen lassen. Sie können sie auch prima für unterwegs mitnehmen, das Topping einfach extra verpacken und zum Essen darüberstreuen.

Asiatischer Spinatsalat mit Ei

FÜR 2 PERSONEN | 20 MIN. ZUBEREITUNG
NÄHRWERT PRO PORTION: CA. 380 KCAL | 21 G EW | 28 G F | 9 G KH

MIT VIEL VITAMIN K

4 Eier (M)
2 EL heller Sesam
150 g Baby-Blattspinat
½ Salatgurke
1 Bund Radieschen
½ Bund Minze
½ Bund Thai-Basilikum
1 Limette
2 EL Sesamöl
2 EL SojaSauce
Cayennepfeffer

1 Die Eier in einem Topf in kochendem Wasser in ca. 8 Min. weich kochen. Herausnehmen, kalt abschrecken, pellen und abkühlen lassen. Den Sesam in einer Pfanne ohne Fett ca. 3 Min. leicht rösten, herausnehmen und abkühlen lassen.

2 Inzwischen den Spinat verlesen, waschen und trocken schleudern, dabei grobe Stiele entfernen. Die Gurke putzen, waschen und in Scheiben schneiden. Die Radieschen putzen, waschen und in dünne Scheiben schneiden. Minze und Thai-Basilikum waschen, trocken tupfen, die Blätter abzupfen und fein hacken. Gemüse und Kräuter in einer Salatschüssel mischen.

3 Für das Dressing die Limette halbieren und auspressen. Limettensaft, Sesamöl und SojaSauce in einer kleinen Schale verrühren und mit Cayennepfeffer würzen.

4 Zum Servieren die Eier quer halbieren. Das Dressing und den Sesam über den Salat geben und untermischen. Den Salat auf Teller verteilen und die Eierhälften daraufsetzen.

TIPP: Anstelle der Eier können Sie pro Portion jeweils auch 100 g Tofu oder Edamame-Bohnen zum Asia-Spinatsalat kombinieren. Auf jeden Fall ist eine gewisse Menge an Eiweiß – egal ob tierischer Herkunft aus Ei oder pflanzliches Protein wie aus Bohnen – wichtig, um lange satt zu bleiben und die Zeit bis zur nächsten Mahlzeit ohne Snacken durchzuhalten.

Möhrennudel-Bowl mit Mandelpesto

FÜR 2 PERSONEN | 20 MIN. ZUBEREITUNG
NÄHRWERT PRO PORTION: CA. 395 KCAL | 9 G EW | 32 G F | 17 G KH

GLUTENFREI

- *1 Bund Basilikum*
- *1 Knoblauchzehe*
- *40 g Mandeln*
- *40 ml Olivenöl*
- *½ Zitrone*
- *Salz*
- *6 Möhren*
- *100 g Rucola*
- *100 g Kirschtomaten*
- *Pfeffer*

1 Für das Pesto das Basilikum waschen, trocken tupfen und die Blätter abzupfen. Den Knoblauch schälen und mit Basilikum, Mandeln und Öl in den Standmixer geben. Die Zitrone auspressen, den Saft zu den übrigen Pestozutaten geben und alles fein pürieren. Das Pesto mit 1 Prise Salz würzen.

2 Die Möhren waschen, putzen und mit dem Julienne- oder Spiralschneider in feine Streifen in Spaghetti-Form schneiden. Den Rucola verlesen, waschen und trocken schleudern, dabei grobe Stiele entfernen. Die Tomaten waschen und nach Belieben halbieren.

3 Die Möhrennudeln in einem Topf in kochendem Salzwasser ca. 3 Min. garen. Anschließend in ein Sieb abgießen und abtropfen lassen.

4 Zum Servieren die Möhrennudeln auf Schalen (Bowls) verteilen und Rucola, Tomaten und Mandelpesto darübergeben. Alles gut mischen und mit Salz und Pfeffer würzen.

TIPP: Um das Gericht eiweißreicher zu gestalten, können Sie noch ein paar Parmesanspäne oder Fetabrösel über die Pasta geben. Anstelle von Möhren lässt sich auch anderes Gemüse wie Zucchini oder Spargel zu Gemüsenudeln verarbeiten.

Vegane Buddha Bowl

FÜR 2 PERSONEN | 20 MIN. ZUBEREITUNG
NÄHRWERT PRO PORTION: CA. 530 KCAL | 19 G EW | 35 G F | 29 G KH

MIT VIEL FOLSÄURE

- *80 g Baby-Blattspinat*
- *240 g Kichererbsen (aus dem Glas)*
- *200 g gegarte Rote Beten (vakuumverpackt)*
- *125 g Champignons*
- *1 Avocado*
- *1 Limette*
- *2 EL Erdnussmus*
- *1 TL SojaSauce*
- *1 TL gemahlener Kreuzkümmel*
- *Salz, Pfeffer*
- *2 Stängel Koriandergrün*

1 Den Spinat verlesen, waschen und trocken schleudern, dabei grobe Stiele entfernen. Die Kichererbsen in einem Sieb abbrausen und abtropfen lassen.

2 Die Roten Beten in kleine Würfel schneiden (dabei am besten mit Einweghandschuhen arbeiten!). Die Champignons putzen, bei Bedarf mit einem Tuch abreiben und vierteln. Die Avocado halbieren und den Kern entfernen, das Fruchtfleisch auslösen und in Streifen schneiden.

3 Die Limette halbieren und auspressen, den Saft mit Erdnussmus, SojaSauce und Kreuzkümmel verrühren. Das Dressing mit Salz und Pfeffer abschmecken und, falls es zu fest ist, noch etwas Wasser untermischen. Den Koriander waschen, trocken tupfen und die Blätter abzupfen.

4 Zum Servieren den Spinat auf Schalen (Bowls) verteilen, Rote Beten, Kichererbsen, Champignons und Avocado nebeneinander auf den Spinat schichten und das Dressing darübergeben. Mit dem Koriander garnieren.

TIPP: Rote Bete ist ein guter Lieferant für Folsäure. Diese brauchen wir unter anderem für die Blutbildung und Zellteilung, weshalb insbesondere Schwangere einen Mehrbedarf an Folsäure haben.

Mangosalat mit Avocado

FÜR 2 PERSONEN | 12 MIN. ZUBEREITUNG
NÄHRWERT PRO PORTION: CA. 460 KCAL | 7 G EW | 39 G F | 20 G KH

VITAMIN-POWER

1 Mango
120 g Tomaten (mit Rispen)
50 g Feldsalat
1 Avocado
20 g Mandelblättchen
3 EL Joghurt (1,5 % Fett)
2 EL Walnussöl
2 TL Zitronensaft
¼ TL Chiliflocken
1 TL TK-Petersilie
1 TL TK-Schnittlauchröllchen
Salz, Pfeffer

1 Die Mango halbieren und schälen, das Fruchtfleisch erst vom Stein und dann in Würfel schneiden. Die Tomaten waschen und vierteln, dabei die Stielansätze entfernen. Den Feldsalat verlesen, waschen und trocken schleudern. Die Avocado halbieren und den Kern entfernen, das Fruchtfleisch auslösen und ebenfalls in Würfel schneiden.

2 Mango, Tomaten, Feldsalat und Avocado in eine Salatschüssel geben und mischen. Die Mandelblättchen in einer Pfanne ohne Fett auf mittlerer Stufe leicht rösten, herausnehmen und abkühlen lassen.

3 Für das Dressing Joghurt, Öl, Zitronensaft, Chiliflocken, Petersilie und Schnittlauch in einer kleinen Schüssel verrühren und mit Salz und Pfeffer würzen. Zum Servieren den Salat auf Teller verteilen, das Dressing darübergeben und alles mit den Mandelblättchen bestreuen.

TIPP: Sekundäre Pflanzenstoffe wie das Lycopin der Tomaten und das Carotin der Mango machen in diesem Salat nicht nur optisch etwas her. Auch Ihre Gesundheit profitiert von diesen farbenfrohen Antioxidantien.

Fenchelsalat mit Feta

FÜR 2 PERSONEN | 15 MIN. ZUBEREITUNG
NÄHRWERT PRO PORTION: CA. 525 KCAL | 19 G EW | 43 G F | 14 G KH

IMMUNSTÄRKEND

- *½ Zitrone*
- *2 EL Olivenöl*
- *1 EL helles Mandelmus*
- *½ TL flüssiger Honig*
- *Kräutersalz*
- *Pfeffer*
- *40 g Walnusskerne*
- *2 kleine Fenchel*
- *1 Apfel*
- *150 g Schafskäse (z. B. Feta; 45 % Fett i. Tr.)*

1 Für das Dressing die Zitrone auspressen und den Saft mit Öl, Mandelmus und Honig in einer Salatschüssel gut verrühren, mit Kräutersalz und Pfeffer abschmecken. Die Walnüsse grob hacken und in einer beschichteten Pfanne ohne Fett bei mittlerer Stufe ca. 5 Min. leicht rösten. Herausnehmen und abkühlen lassen.

2 Inzwischen die Fenchel putzen, waschen und den Strunk entfernen. Danach halbieren und in feine Streifen schneiden oder auf der Gemüsereibe fein hobeln. Dann mit dem Dressing mischen.

3 Den Apfel waschen, vierteln und entkernen. Die Viertel in kleine Würfel schneiden. Den Feta ebenfalls in Würfel schneiden und mit Apfel und Nüssen zum Fenchel geben, alles gut mit dem Dressing mischen. Zum Servieren den Salat auf Teller verteilen.

TIPP: Zum Zeitsparen das Dressing am besten gleich in doppelter Menge herstellen und in einem Glas im Kühlschrank für den nächsten Salat aufbewahren.

Bohnensalat mit Pistazien

FÜR 2 PERSONEN | 10 MIN. ZUBEREITUNG
NÄHRWERT PRO PORTION: CA. 350 KCAL | 15 G EW | 17 G F | 32 G KH

VEGAN

350 g Dicke bzw. Fava-Bohnen (aus dem Glas; s. Tipp)
1 Bund Petersilie
1 kleine rote Zwiebel
2 EL Pistazienkerne
½ Zitrone
2 EL Olivenöl
½ TL edelsüßes Paprikapulver
Salz, Pfeffer

1 Die Bohnen in einem Sieb abbrausen und gut abtropfen lassen. Die Petersilie waschen, trocken tupfen, die Blätter abzupfen und fein hacken. Die Zwiebel schälen und in feine Ringe schneiden. Die Pistazienkerne grob hacken. Bohnen, Petersilie und Zwiebel in eine Salatschüssel geben.

2 Für das Dressing die Zitrone auspressen und den Saft mit Öl, Paprikapulver, Salz und Pfeffer verrühren. Bohnen, Petersilie und Zwiebel mit dem Dressing gründlich vermengen.

3 Zum Servieren den Salat auf Teller verteilen und die Pistazien darüberstreuen.

TIPP: Anstelle der Fava-Bohnen können Sie auch weiße Riesenbohnen oder Borlotti-Bohnen (aus dem Glas) für den Salat verwenden.

Kichererbsensalat mit Karamellpilzen

FÜR 2 PERSONEN | 18 MIN. ZUBEREITUNG
NÄHRWERT PRO PORTION: CA. 325 KCAL | 13 G EW | 24 G F | 14 G KH

MIT VIEL JOD

- *120 g Kichererbsen (aus dem Glas)*
- *100 g Rucola*
- *100 g Kirschtomaten*
- *100 g Salatgurke*
- *2 EL Olivenöl*
- *1 EL Zitronensaft*
- *½ TL rosenscharfes Paprikapulver*
- *Salz, Pfeffer*
- *200 g kleine Champignons*
- *1 EL Rapsöl*
- *1 TL flüssiger Honig*
- *50 g Ziegenkäse (z. B. Feta oder Hartkäse)*

1 Die Kichererbsen in einem Sieb abbrausen und gut abtropfen lassen. Den Rucola verlesen, waschen und trocken schleudern, dabei grobe Stiele entfernen. Die Tomaten waschen und halbieren. Die Salatgurke putzen, waschen, vierteln und in ca. 1 cm große Würfel schneiden. Kichererbsen, Rucola, Tomaten und Gurke in eine Salatschüssel geben.

2 Für das Dressing Olivenöl, Zitronensaft, Paprikapulver, Salz und Pfeffer in einer kleinen Schüssel verrühren. Das Dressing zu den Salatzutaten geben und gründlich untermischen.

3 Die Pilze putzen, bei Bedarf mit einem Tuch abreiben und in einer Pfanne im Rapsöl ca. 3 Min. andünsten, dabei leicht salzen. Dann den Honig dazugeben und die Pilze bei starker Hitze unter Rühren noch ca. 3 Min. leicht karamellisieren lassen.

4 Zum Servieren den Salat auf Teller verteilen und die noch warmen Champignons daraufsetzen. Zuletzt den Ziegenkäse darüberbröseln.

TIPP: Jod ist hier besonders im Ziegenkäse und in den Champignons enthalten. Das Spurenelement ist wichtig für unsere Schilddrüsenhormone. Die Schilddrüse steuert unter anderem den Herzrhythmus und den Blutdruck.

Linsen-Avocado-Salat mit Granatapfel

FÜR 2 PERSONEN | 15 MIN. ZUBEREITUNG
NÄHRWERT PRO PORTION: CA. 560 KCAL | 17 G EW | 34 G F | 44 G KH

BALLASTSTOFFREICH

100 g rote Linsen
1 große rote Paprika
1 Avocado
150 g Granatapfelkerne (von ca. ½ Granatapfel)
½ Zitrone
2 EL Olivenöl
2 EL TK-Petersilie
1 TL gemahlener Kreuzkümmel
1 TL gemahlener Koriander
Salz, Pfeffer

1 Die Linsen in einem Sieb abbrausen und in einem Topf zugedeckt in 300 ml kochendem Wasser in ca. 10 Min. weich garen. Danach in ein Sieb abgießen, gut abtropfen und abkühlen lassen.

2 Währenddessen die Paprika waschen, halbieren, weiße Trennwände und Kerne entfernen und die Hälften in Würfel schneiden. Die Avocado halbieren, entkernen, das Fruchtfleisch auslösen und in Streifen schneiden. Paprika und Avocado in eine Salatschüssel geben. Die Granatapfelhälfte über eine weitere Schüssel halten und die Kerne mit einem Löffel aus der Schale klopfen (Achtung, das spritzt!).

3 Für das Dressing die Zitrone auspressen und den Saft mit dem Öl mischen. Petersilie, Kreuzkümmel, Koriander, Salz und Pfeffer dazugeben und unterrühren.

4 Zum Servieren die Linsen zu den Salatzutaten geben. Das Dressing hinzufügen und alles gut vermischen, den Salat auf Schalen verteilen und mit den Granatapfelkernen bestreuen.

TIPP: Hülsenfrüchte wie Linsen, Erbsen und Co. muten auf den ersten Blick fehl am Platz in der Expressküche an. Allerdings gibt es hier »flotte« Ausnahmen: zum einen vorgegarte Bohnen, Erbsen oder Kichererbsen aus Dose, Glas oder Tiefkühltruhe, zum anderen Vertreter mit kurzer Garzeit wie die roten und gelben Linsen. Sie sind nämlich bereits geschält und benötigen daher nur maximal 10 Min. Übrigens: Wer gern getrocknete Hülsenfrüchte kocht, kann diese in einem Schnellkochtopf auch in meist 15–20 Min. weich garen (ohne vorheriges Einweichen).

Schwarze-Bohnen-Salsa mit Rohkost

FÜR 2 PERSONEN | 10 MIN. ZUBEREITUNG
NÄHRWERT PRO PORTION: CA. 265 KCAL | 9 G EW | 12 G F | 26 G KH

FINGERFOOD

- *240 g schwarze Bohnen (aus dem Glas)*
- *1 große Tomate*
- *1 Schalotte*
- *3 Stängel Koriandergrün*
- *1 Limette*
- *2 EL Olivenöl*
- *½ TL Chilipulver*
- *Salz*
- *3 Stangen Staudensellerie*
- *3 Möhren (am besten bunte)*

1 Die Bohnen in einem Sieb abbrausen und gut abtropfen lassen. Anschließend in den Standmixer geben und grob pürieren (alternativ in einem hohen Rührbecher mit dem Pürierstab arbeiten).

2 Die Tomate waschen und in kleine Würfel schneiden, dabei den Stielansatz entfernen. Die Schalotte schälen und ebenfalls in kleine Würfel schneiden. Das Koriandergrün waschen, trocken tupfen und samt Stängeln grob hacken. Die Limette halbieren und den Saft auspressen.

3 Die Tomaten- und Schalottenwürfel mit Koriandergrün, Limettensaft und Öl unter die Bohnenmasse geben. Die Salsa mit Chilipulver und Salz kräftig abschmecken.

4 Für die Rohkost Sellerie und Möhren putzen, gründlich waschen, in feine Streifen schneiden oder auf der Gemüsereibe fein hobeln. Zum Servieren die Rohkost auf Teller verteilen und die Salsa dazu reichen.

TIPP: Die Salsa ist gut verschlossen im Kühlschrank ca. 3 Tage haltbar. Sie eignet sich auch sehr gut als veganer Brotaufstrich, der dank seines hohen Proteingehalts lange sättigt. Wer will, kann zusätzlich noch Fenchel als Rohkost anbieten.

Tomatensalat mit weißen Bohnen

FÜR 2 PERSONEN | 15 MIN. ZUBEREITUNG
NÄHRWERT PRO PORTION: CA. 285 KCAL | 12 G EW | 16 G F | 23 G KH

VEGAN

- *240 g weiße Bohnen (aus dem Glas)*
- *500 g Tomaten (mit Rispen)*
- *1 rote Zwiebel*
- *1 Bund Basilikum*
- *2 EL Olivenöl*
- *2 EL Aceto balsamico bianco*
- *Salz*
- *bunter Pfeffer (frisch gemahlen)*
- *2 EL Kürbiskerne*

1 Die Bohnen in einem Sieb abbrausen und gut abtropfen lassen. Die Tomaten waschen und je nach Größe halbieren oder vierteln, dabei die Stielansätze entfernen. Die Zwiebel schälen, halbieren und in feine Scheiben schneiden.

2 Die Tomaten und die Zwiebel in eine Salatschüssel geben. Das Basilikum waschen, trocken tupfen, die Blätter abzupfen und grob hacken, mit den weißen Bohnen zu Tomaten und Zwiebel geben.

3 Für das Dressing Öl, Essig, Salz und Pfeffer in einer kleinen Schüssel gründlich verrühren. Das Dressing über die Salatzutaten geben und unterheben. Zum Servieren den Salat auf Teller verteilen und mit den Kürbiskernen bestreuen.

TIPP: Wer sich nicht vegan ernähren möchte, kann den Tomatensalat auch gut mit Parmesan kombinieren: zum Servieren einfach noch ca. 30 g Käse über den Salat hobeln.

Sprossensalat mit Roter Bete und Apfel

FÜR 2 PERSONEN | 20 MIN. ZUBEREITUNG
NÄHRWERT PRO PORTION: CA. 420 KCAL | 11 G EW | 28 G F | 28 G KH

REICH AN ANTIOXIDANTIEN

- *2 kleine Rote Beten (ca. 300 g)*
- *1 großer Apfel*
- *150 g Sojasprossen*
- *½ Bio-Zitrone*
- *2 EL Walnussöl*
- *1 EL Tahin (Sesampaste)*
- *1 TL flüssiger Honig*
- *Salz, Pfeffer*
- *6 Pekannusshälften*

1 Die Roten Beten putzen und mit einer Gemüsebürste unter fließendem Wasser waschen. Dann vierteln und auf der Gemüsereibe oder in der Küchenmaschine fein raspeln (dabei am besten mit Einweghandschuhen arbeiten!). Den Apfel waschen und bis auf das Kerngehäuse grob raspeln. Mit den Roten Beten in eine Salatschüssel geben.

2 Die Sprossen in einem Sieb mit heißem Wasser aus dem Wasserkocher überbrühen und abtropfen lassen. Anschließend zu den Roten Beten und dem Apfel in die Salatschüssel geben.

3 Die Zitrone heiß waschen, abtrocknen, die Schale fein abreiben und zum Garnieren beiseitestellen. Den Saft auspressen und mit Öl, Tahin, Honig, Salz und Pfeffer in einer kleinen Schüssel vermischen. Das Dressing über die Salatzutaten geben und gründlich vermengen.

4 Die Pekannüsse in einer beschichteten Pfanne ohne Fett bei mittlerer Hitze ca. 3 Min. leicht rösten. Herausnehmen und abkühlen lassen.

5 Zum Servieren den Salat auf Schalen oder tiefe Teller verteilen, mit der beiseitegestellten Zitronenschale bestreuen und mit den gerösteten Pekannüssen garnieren.

TIPP: Sprossen und Keimlinge können eine gute zusätzliche Vitamin- und Nährstoffquelle darstellen. Keimlinge haben beispielsweise einen hohen Vitamin-C-Gehalt. Die hier verwendeten Sojasprossen liefern zusätzlich pflanzliches Eiweiß und Magnesium. Wer Sprossen regelmäßig verwenden will, kann diese einfach zu Hause ziehen!

Brokkolisalat mit Sesamtofu

FÜR 2 PERSONEN | 15 MIN. ZUBEREITUNG
NÄHRWERT PRO PORTION: CA. 515 KCAL | 29 G EW | 36 G F | 17 G KH

HÄLT LANGE SATT

400 g TK-Brokkoli

1 EL gemahlene Goldleinsamen (Goldleinmehl, z. B. von Alnatura; ersatzweise selbst mahlen oder schroten)

4 EL dunkler Sesam

200 g geräucherter Tofu

3 EL Olivenöl

250 g Kirschtomaten

1 EL Aceto balsamico

1 TL flüssiger Honig

2 EL TK-Basilikum

Salz, Pfeffer

1 Den Brokkoli in eine Schüssel geben und mit kochendem Wasser aus dem Wasserkocher übergießen, zugedeckt ca. 10 Min. ziehen und auftauen lassen. Danach in ein Sieb abgießen und abtropfen lassen.

2 Währenddessen den Leinsamen in eine kleine Schüssel geben und mit ca. 100 ml heißem Wasser verrühren, sodass eine eiähnliche Konsistenz entsteht. Den Sesam auf einem flachen Teller gleichmäßig verteilen.

3 Den Tofu in ca. 1 cm dicke Scheiben schneiden, zuerst in der Leinsamenmasse und dann im Sesam wenden, dabei bei Bedarf etwas andrücken. In einer beschichteten Pfanne 1 EL Öl erhitzen und die Tofuscheiben darin bei mittlerer Hitze von beiden Seiten je ca. 2 Min. anbraten. Herausnehmen und auf Küchenpapier abtropfen lassen.

4 Inzwischen die Tomaten waschen und nach Belieben halbieren. Dann mit den Brokkoliröschen in eine Salatschüssel geben. Das restliche Öl mit Essig, Honig, Basilikum sowie Salz und Pfeffer zu einem Dressing verrühren, über den Salat geben und untermischen.

5 Zum Servieren den Salat auf Teller verteilen und die Tofuscheiben daraufsetzen.

TIPP: Leinsamen enthalten wie Eier Lecithin und zusätzlich noch Schleimstoffe, die eine eierähnliche Konsistenz bewirken. Deswegen kann man die kleinen braunen Samen gut als veganen Ei-Ersatz verwenden – auch beim Kuchenbacken. Das Plus: Die Schleimstoffe aus den Leinsamen sind gleichermaßen positiv für Magen und Darm. Für ein vollständig veganes Gericht können Sie anstelle von Honig übrigens einfach Reis- oder Ahornsirup verwenden!

Quinoasalat mit Tahin-Dressing

FÜR 2 PERSONEN | 20 MIN. ZUBEREITUNG
NÄHRWERT PRO PORTION: CA. 520 KCAL | 16 G EW | 22 G F | 62 G KH

VEGAN

- *120 g Quinoa*
- *Salz*
- *150 g Granatapfelkerne (von ca. ½ Granatapfel)*
- *½ Salatgurke*
- *½ rote Zwiebel*
- *200 g Kichererbsen (aus dem Glas)*
- *20 g gehackte Petersilie (frisch oder TK)*
- *Pfeffer*
- *½ Zitrone*
- *1 EL Tahin (Sesampaste)*
- *2 EL Olivenöl*
- *1 TL gemahlener Kreuzkümmel*

1 Die Quinoa in einem Sieb heiß abbrausen und in der doppelten Menge leicht gesalzenem Wasser (ca. 250 ml) in einem kleinen Topf einmal aufkochen. Dann zugedeckt bei niedriger Hitze in ca. 15 Min. weich garen, dabei ab und zu umrühren.

2 Inzwischen den Granatapfel halbieren, eine Hälfte (die andere Hälfte anderweitig verwenden) über eine Salatschüssel halten und die Kerne mit einem Löffel aus dem Gehäuse klopfen (Achtung, das spritzt!). Die Gurke putzen, waschen und in feine Würfel schneiden. Die Zwiebel schälen und in feine Ringe schneiden. Die Kichererbsen in einem Sieb abbrausen und gut abtropfen lassen.

3 Gurke, Zwiebel und Kichererbsen mit der Petersilie zu den Granatapfelkernen geben, alles vermengen und mit Salz und Pfeffer würzen. Für das Dressing die Zitrone auspressen und den Saft mit Tahin, Öl und Kreuzkümmel in einer kleinen Schüssel verrühren, mit Salz und Pfeffer würzen.

4 Zum Servieren die Quinoa zu den Salatzutaten geben, das Dressing hinzufügen und gründlich untermischen. Den Salat auf Schalen oder Teller verteilen.

TIPP: Wer Zeit sparen möchte, kann bereits ausgelöste Granatapfelkerne aus dem Kühlregal oder Tiefkühlfach verwenden. TK-Granatapfelkerne rechtzeitig vorher in eine Schüssel geben und zugedeckt bei Zimmertemperatur 2–3 Std. auftauen lassen.

Wassermelonen-Feta-Salat mit Rucola

FÜR 2 PERSONEN | 10 MIN. ZUBEREITUNG
NÄHRWERT PRO PORTION: CA. 480 KCAL | 16 G EW | 39 G F | 17 G KH

MIT VIEL FOLSÄURE

- *150 g Rucola*
- *300 g Wassermelone (möglichst kernarm)*
- *80 g Kalamata-Oliven (entsteint)*
- *150 g Schafskäse (z. B. Feta; 45 % Fett i. Tr.)*
- *2 EL Olivenöl*
- *1 EL Zitronensaft*
- *Pfeffer*

1 Den Rucola verlesen, waschen und trocken schleudern, dabei grobe Stiele entfernen. Die Wassermelone schälen und in ca. 1,5 cm große Würfel schneiden.

2 Rucola, Wassermelonenwürfel und Oliven in eine Salatschüssel geben und locker mischen. Den Schafskäse grob darüberbröseln.

3 Für das Dressing das Öl mit Zitronensaft und Pfeffer mischen, über den Salat geben und gründlich untermengen. Zum Servieren den Salat auf Teller verteilen.

TIPP: Wie der Name vermuten lässt, hat die Wassermelone einen hohen Wasseranteil (ca. 90 %). Daher ist sie vor allem im Sommer ein idealer Frischelieferant. Das enthaltene Kalium ist an der Regulation unseres Wasser-Elektrolyt-Haushalts sowie der Muskelkontraktion beteiligt. Außerdem liefert die Wassermelone mit nicht mal 40 kcal/100 g nur wenig Kalorien. Trotzdem sollte man keine zu großen Mengen essen, da auch sie Fruchtzucker enthält.

Spargelsalat mit Erdbeeren und Feta

FÜR 2 PERSONEN | 20 MIN. ZUBEREITUNG
NÄHRWERT PRO PORTION: CA. 405 KCAL | 19 G EW | 29 G F | 12 G KH

VITAMIN-POWER

250 g grüner Spargel
80 g Pflücksalat
200 g kleine Datteltomaten
150 g Erdbeeren
150 g Schafskäse (z. B. Feta; 45 % Fett i. Tr.)
2 EL Kürbiskerne
2 EL Olivenöl
2 EL Aceto balsamico
2 EL TK-Basilikum
Salz, Pfeffer

1 Den Spargel waschen, im unteren Drittel schälen und die holzigen Enden entfernen. Die Spargelstangen in ca. 5 cm lange Stücke schneiden. Den Pflücksalat verlesen, waschen und trocken schleudern. Die Tomaten waschen und halbieren. Die Erdbeeren putzen, waschen und halbieren. Den Feta grob würfeln.

2 Spargel, Pflücksalat, Tomaten, Erdbeeren und Feta in eine Salatschüssel geben. Die Kürbiskerne in einer beschichteten Pfanne ohne Fett bei mittlerer Hitze ca. 3 Min. leicht rösten. Herausnehmen und abkühlen lassen.

3 Währenddessen für das Dressing Öl, Essig und Basilikum in einer kleinen Schüssel mischen. Mit Salz und Pfeffer abschmecken, zu den Salatzutaten geben und untermischen. Zum Servieren den Salat auf Teller verteilen und mit den Kürbiskernen garnieren.

Amarantsalat mit Räucherlachs

FÜR 2 PERSONEN | 20 MIN. ZUBEREITUNG
NÄHRWERT PRO PORTION: CA. 640 KCAL | 29 G EW | 38 G F | 44 G KH

MIT VIEL OMEGA-3-FETTSÄUREN

120 g Amarant
220 ml Gemüsebrühe
½ Salatgurke
1 rote Paprika
1 Frühlingszwiebel
40 g schwarze Oliven (entsteint)
2 EL Walnussöl
80 ml reine Buttermilch
1 EL TK-Petersilie
1 EL TK-Dill
½ TL flüssiger Honig
Salz, Pfeffer
4 Scheiben geräucherter Lachs (ca. 100 g)
2 EL heller Sesam

1 Den Amarant in einem Sieb kurz abbrausen und in einem Topf mit der Gemüsebrühe zugedeckt bei mittlerer Hitze in ca. 18 Min. weich garen. Dann vom Herd nehmen.

2 Inzwischen die Salatgurke putzen, waschen und in kleine Würfel schneiden. Die Paprika waschen, halbieren, weiße Trennwände und Kerne entfernen und die Hälften in kleine Stücke schneiden. Die Frühlingszwiebel putzen, waschen und in feine Ringe schneiden. Die Oliven in Ringe schneiden.

3 Gurke, Paprika, Frühlingszwiebel und Oliven in eine Salatschüssel geben. Für das Dressing Öl, Buttermilch, Petersilie, Dill, Honig, Salz und Pfeffer in einer kleinen Schüssel gut verrühren. Die Lachsscheiben in feine Streifen schneiden.

4 Zum Servieren das Dressing und den Amarant zu den Salatzutaten geben und gründlich untermischen. Den Salat auf Teller verteilen, die Lachsstreifen dazu anrichten und alles mit Sesam bestreuen.

TIPP: Bei Getreide und Co. gibt es einige Vertreter, die schnell weich garen – zum Beispiel Amarant oder Quinoa. Aber auch Couscous aus Weizen oder Instant-Polenta aus Mais stehen im Handumdrehen auf den Tisch, denn beide sind vorgegart und müssen nur noch fertig quellen. Ganze Weizenkörner gibt es bereits in der Parboiled-Variante als Zartweizen.

Mangocreme mit Mandeln

FÜR 2 PERSONEN | 8 MIN. ZUBEREITUNG
NÄHRWERT PRO PORTION: CA. 240 KCAL | 10 G EW | 15 G F | 14 G KH

VEGAN

- *180 g Sojaghurt*
- *80 ml ungesüßter Mandeldrink*
- *2 EL Chia-Samen*
- *3 EL gehackte Mandeln*
- *1 TL Reissirup*
- *½ Mango*
- *1 Vanilleschote (ersatzweise 1 Msp. gemahlene Vanille)*

1 Sojaghurt und Mandeldrink in einer Schüssel gut verrühren. Dann Chia-Samen, 2 EL gehackte Mandeln und Reissirup untermischen und alles bis zum Servieren ziehen lassen.

2 Inzwischen die Mango schälen, das Fruchtfleisch erst vom Stein und dann in grobe Würfel schneiden. Die Vanilleschote längs halbieren und das Mark herauskratzen. Mangowürfel und Vanille in den Standmixer geben und alles feincremig pürieren.

3 Zum Servieren die Mandel-Chia-Creme auf Dessertgläser verteilen und das Mangopüree darübergeben. Mit den übrigen gehackten Mandeln bestreuen.

TIPP: Als Alternative können Sie anstelle der Mango nach Belieben auch andere Obstsorten pürieren – zum Beispiel Papaya, Erdbeeren oder Pfirsich.

Avocado-Schoko-Creme

FÜR 2 PERSONEN | 15 MIN. ZUBEREITUNG
NÄHRWERT PRO PORTION: CA. 350 KCAL | 6 G EW | 31 G F | 12 G KH

MIT GESUNDEN FETTSÄUREN

- *2 EL gehackte Haselnusskerne (ersatzweise gehackte Mandeln)*
- *1 Avocado*
- *1 kleine reife Banane*
- *2 EL Kakaopulver (ungesüßt)*
- *1 Msp. gemahlene Vanille*

1 Die gehackten Nüsse in einer beschichteten Pfanne ohne Fett bei mittlerer Hitze ca. 5 Min. leicht rösten, dabei ab und zu wenden. Herausnehmen und abkühlen lassen.

2 Inzwischen die Avocado halbieren und den Kern entfernen, das Fruchtfleisch auslösen und in den Standmixer geben. Die Banane schälen, in grobe Stücke schneiden und dazugeben. Avocado und Banane mit Kakaopulver und Vanille würzen und alles feincremig pürieren.

3 Zum Servieren die Creme auf Schalen verteilen und mit den gerösteten Haselnüssen bestreuen.

TIPP: Reines, ungezuckertes Kakaopulver enthält unter anderem entzündungshemmende Polyphenole (Flavonoide) und ist reich an der Aminosäure Tryptophan – einem Proteinbaustein, der im Körper in das stimmungsaufhellende Serotonin umgewandelt wird.

Weiße Schokocreme mit Himbeeren

FÜR 2 PERSONEN | 8 MIN. ZUBEREITUNG
NÄHRWERT PRO PORTION: CA. 270 KCAL | 24 G EW | 7 G F | 26 G KH

ZUCKERARM

- *40 g weiße Schokolade*
- *300 g Magerquark*
- *100 ml Milch (1,5 % Fett)*
- *1 TL Birkenzucker (Xylit, ersatzweise Rohrzucker)*
- *150 g Himbeeren*

1 Die Schokolade auf der Küchenreibe grob raspeln oder mit einem Messer fein hacken. Einige Raspel zum Garnieren beiseitelegen. Quark, Milch und Birkenzucker in einer Schüssel mit einem Schneebesen gründlich verrühren und die übrigen Schokoladenraspel unterheben.

2 Die Himbeeren verlesen, waschen und trocken tupfen. Zum Servieren abwechselnd Creme und Himbeeren in Dessertgläser füllen. Mit den beiseitegelegten Schokoladenraspeln bestreuen.

TIPP: Gut zu wissen: Birkenzucker oder Xylit wird insulinunabhängig vom Körper abgebaut und hat somit kaum Wirkung auf den Blutzuckerspiegel. Er ist beim Abnehmen daher eine super Alternative zu normalem Zucker, kann in sehr hohen Mengen allerdings abführend wirken.

Energy Balls aus Rohkost

FÜR 12 BÄLLCHEN | 15 MIN. ZUBEREITUNG
NÄHRWERT PRO PORTION (2 BÄLLCHEN): CA. 205 KCAL | 4 G EW | 14 G F | 14 G KH

IDEAL ZUM MITNEHMEN

12 Medjool-Datteln (entsteint)
80 g Walnusskerne
2 EL dunkles Mandelmus
1 EL Chia-Samen
1 EL Kakaopulver (ungesüßt)
1 TL Zimtpulver
1 Prise Salz
ca. 20 g heller Sesam zum Wälzen

1 Alle Zutaten – bis auf den Sesam – in den Standmixer geben und zu einer klebrigen Masse pürieren. Von der Masse jeweils 1 EL abnehmen und mit angefeuchteten Händen zu einem kleinen Bällchen formen.

2 Den Sesam auf einem flachen Teller verteilen. Die fertigen Energy Balls rundum im Sesam wenden, damit sie nicht aneinander kleben.

TIPP: Die Energiebällchen lassen sich gut vorbereiten und sind im Kühlschrank bis zu 2 Wochen haltbar. Für eine Extraportion Eiweiß können Sie noch 1 EL Hanfproteinpulver (Bioladen) unter die Energy-Ball-Masse mischen.

Erdbeer-Buttermilch-Shake

FÜR 2 PERSONEN | 5 MIN. ZUBEREITUNG
NÄHRWERT PRO PORTION: CA. 80 KCAL | 4 G EW | 1 G F | 13 G KH

FÜR EINE GESUNDE DARMFLORA

200 g Erdbeeren

200 ml reine Buttermilch (gut gekühlt)

1 TL Ahornsirup

1 Die Erdbeeren putzen und waschen. Die Beeren mit Buttermilch und Ahornsirup in den Standmixer geben und fein pürieren.

2 Zum Servieren den Erdbeer-Buttermilch-Shake auf Gläser verteilen und direkt genießen.

TIPP: Alternativ können Sie den Shake mit Beeren aus dem Tiefkühlfach zubereiten – diese müssen vorher nicht auftauen. Auch die Buttermilch lässt sich nach Belieben durch Kefir oder Dickmilch ersetzen – alle drei Milchprodukte liefern reichlich probiotische Milchsäurebakterien, die unserer Darmflora guttun.

Orangenshake mit Kurkuma

FÜR 2 PERSONEN | 10 MIN. ZUBEREITUNG
NÄHRWERT PRO PORTION: CA. 190 KCAL | 4 G EW | 12 G F | 16 G KH

IMMUNSTÄRKEND

2 Orangen
1 TL gemahlene Kurkuma
1 TL Zimtpulver
2 EL helles Mandelmus
einige Eiswürfel zum Servieren (nach Belieben)

1 Die Orangen schälen, in Segmente teilen und in den Standmixer geben. Kurkuma, Zimt und Mandelmus hinzufügen und alles fein pürieren (alternativ in einem hohen Rührbecher mit dem Pürierstab arbeiten).

2 Nach und nach bis zu 100 ml Wasser dazugeben und untermixen, sodass eine flüssige, leicht cremige Konsistenz entsteht.

3 Zum Servieren den Shake auf Gläser verteilen, dabei nach Belieben noch ein paar Eiswürfel hinzufügen.

TIPP: Kurkuma enthält Curcumin – einen sekundären Pflanzenstoff, der entzündungshemmend wirkt. Kurkuma hat eine auffällige gelbe Farbe und wird deswegen oft als Farbstoff eingesetzt. Als Gewürz lässt es sich vielseitig verwenden, zum Beispiel für Curry-Gerichte, aber auch in Getränken wie Tee.

Beeriges Blitzeis

FÜR 2 PERSONEN | 5 MIN. ZUBEREITUNG
NÄHRWERT PRO PORTION: CA. 85 KCAL | 2 G EW | 6 G F | 9 G KH

VEGAN

200 g TK-Himbeeren
50 ml Kokosmilch (aus der Dose, gut gekühlt)
1 TL Ahornsirup
einige Himbeeren zum Garnieren (nach Belieben)

1 Die tiefgekühlten Himbeeren mit der Kokosmilch und dem Ahornsirup in den Standmixer geben und sehr fein pürieren.

2 Das Sorbet auf Schalen oder Gläser verteilen und sofort verzehren. Nach Belieben mit frischen Himbeeren garnieren, dazu vorher verlesen, waschen und trocken tupfen.

TIPP: Kühlender Snack gefällig? Wer den Rest vom Sorbet aufheben möchte, friert es am besten in kleinen Eis-am-Stiel-Förmchen aus Plastik ein.

Brombeer-Vanille-Sorbet

FÜR 2 PERSONEN | 5 MIN. ZUBEREITUNG
NÄHRWERT PRO PORTION: CA. 65 KCAL | 2 G EW | 2 G F | 8 G KH

KÜHLENDER FRISCHE-KICK

- *200 g TK-Brombeeren*
- *3 EL Sojaghurt Vanille*
- *2 EL Kokos-Chips zum Garnieren (nach Belieben)*

1 Die tiefgekühlten Beeren mit dem Sojaghurt in den Standmixer geben und sehr fein pürieren.

2 Das Sorbet auf Schalen oder in Gläser verteilen und sofort genießen. Nach Belieben jeweils mit 1 EL Kokos-Chips als Topping bestreuen.

TIPP: Sie können das leckere Sorbet auch mit anderen Beerensorten wie Himbeeren oder Erdbeeren zubereiten. Wichtig: Die Beeren sollten gut durchgefroren sein!

Gegrillte Wassermelone mit Minzpesto

FÜR 2 PERSONEN | 15 MIN. ZUBEREITUNG
NÄHRWERT PRO PORTION: CA. 180 KCAL | 4 G EW | 7 G F | 25 G KH

PERFEKT FÜR DEN SOMMER

- *½ Wassermelone (ca. 300 g; möglichst kernarm)*
- *1 Bund Minze*
- *1 Limette*
- *3 EL Cashewkerne*
- *2 TL Ahornsirup*
- *ca. 6 Holzspieße (nach Belieben)*

1 Die Wassermelone schälen und in dünne Scheiben schneiden. Die Scheiben nach Belieben auf Holzspieße stecken und in einer Grillpfanne ohne Fett von beiden Seiten 4–5 Min. grillen (alternativ auf einem Holzkohlengrill oder Elektrogrill arbeiten).

2 Inzwischen die Minze waschen, trocken tupfen, die Blätter abzupfen und eine Handvoll Blätter zum Garnieren beiseitelegen. Den Rest in den Standmixer geben. Die Limette halbieren und den Saft auspressen.

3 Limettensaft mit Cashewkernen und Ahornsirup zur Minze geben und alles im Mixer fein pürieren, bei Bedarf noch etwas Wasser dazugeben (alternativ in einem hohen Rührbecher mit dem Pürierstab arbeiten).

4 Zum Servieren die Wassermelonenspieße auf Teller verteilen. Mit dem Minzpesto beträufeln und mit den beiseitegelegten Minzblättern garnieren.

TIPP: Wer will, schält die Wassermelone nicht, sondern schneidet sie in Viertelscheiben. Dann die Stücke einfach auf den Grill legen – so sind auch keine Holzspieße notwendig.

Nussige Kichererbsenkekse

FÜR 14 STÜCK | 5 MIN. ZUBEREITUNG | 15 MIN. BACKEN
NÄHRWERT PRO PORTION (2 STÜCK): CA. 120 KCAL | 3 G EW | 7 G F | 11 G KH

ZUCKERARMER SNACK

25 g Zartbitter-Schokolade (mind. 70 % Kakaoanteil)

240 g Kichererbsen (aus dem Glas)

2 EL Haferflocken (zart oder kernig)

1 reife Banane

3 EL gemahlene Haselnusskerne

2 TL weiche Butter

2 Msp. gemahlene Vanille

1 Den Backofen auf 200° vorheizen. Ein Backblech mit Backpapier belegen.

2 Die Schokolade grob hacken und beiseitestellen. Die Kichererbsen in einem Sieb abbrausen und gut abtropfen lassen. Die Banane schälen und grob schneiden. Kichererbsen, Haferflocken, Banane, Haselnüsse, Butter und Vanille im Standmixer fein pürieren. Zuletzt die Schokostückchen unterrühren.

3 Aus dem Teig mithilfe von zwei Esslöffeln 14 Portionen nebeneinander auf das Blech setzen. Im Ofen (Mitte) ca. 15 Min. backen. Danach herausnehmen und auf einem Kuchengitter abkühlen lassen.

TIPP: Wer will, setzt in die Mitte der Kekse noch je einen Haselnusskern. Nüsse versorgen uns mit gesunden Fetten und – ebenso wie Hülsenfrüchte – mit reichlich Pflanzeneiweiß.

LITERATUREMPFEHLUNGEN

Abnehmen nach dem 20:80-Prinzip
von Dr. Matthias Riedl; GRÄFE UND UNZER VERLAG

Das 20:80-Kochbuch für Berufstätige. Abnehmen nach dem Erfolgsprinzip
von Dr. Matthias Riedl; GRÄFE UND UNZER VERLAG

Artgerechte Ernährung. Heilung von Beschwerden, die Ärzte ratlos machen
von Dr. Matthias Riedl; GRÄFE UND UNZER VERLAG

Artgerechte Ernährung – das Kochbuch. Meine Rezepte bei Beschwerden, die Ärzte ratlos machen
von Dr. Matthias Riedl; GRÄFE UND UNZER VERLAG

Diabetes-Kochbuch. Genussvoll den Blutzucker im Griff
von Dr. Matthias Riedl; GRÄFE UND UNZER VERLAG

Expresskochen Diabetes. Schnelle Genussrezepte für jeden Tag
von Dr. Matthias Riedl; GRÄFE UND UNZER VERLAG

Iss dich gesund mit Dr. Riedl. Mein Ernährungswissen und 150 Rezepte für ein gutes, langes Leben
von Dr. Matthias Riedl; GRÄFE UND UNZER VERLAG

Iss Dich Gesund (Magazin)
von Dr. Matthias Riedl; MEDIENGRUPPE KLABT

Die große GU Nährwert-Kalorien-Tabelle. Neuausgabe 2018/2019
von Prof. Dr. Ibrahim Elmadfa u. a.; GRÄFE UND UNZER VERLAG

Expresskochen Low Carb. Schlank auf die Schnelle
von Inga Pfannebecker; GRÄFE UND UNZER VERLAG

ADRESSEN, DIE WEITERHELFEN

Unter folgenden Adressen finden Sie seriöse Unterstützung bei der Ernährungsumstellung, orientiert an den neuesten wissenschaftlichen Erkenntnissen:

aid-Infodienst Ernährung, Landwirtschaft, Verbraucherschutz e. V. i. L. (aid)
www.aid.de

Berufsverband Oecotrophologie e.V. (VDOe)
www.vdoe.de

Bundesministerium für Ernährung und Landwirtschaft (BMEL)
www.bmel.de

Bundesverband Deutscher Ernährungsmediziner e.V. (BDEM)
www.bdem.de
(Hier erfahren Sie auch alles über die Schwerpunktpraxen für Ernährungsmedizin in Ihrer Nähe.)

Verband der Diätassistenten – Deutscher Bundesverband e.V. (VDD)
www.vdd.de

Medicum Hamburg MVZ GmbH
www.medicum-hamburg.de

Folgen Sie Dr. Riedl auf Facebook:
http://www.facebook.com/edocriedl/

SACHREGISTER

REZEPTREGISTER

APPETIT AUF MEHR?

ISBN 978-3-8338-6430-8

ISBN 978-3-8338-5997-7

ISBN 978-3-8338-6694-4

ISBN 978-3-8338-6259-5

ISBN 978-3-8338-6833-7

ISBN 978-3-8338-6873-3

Alle hier vorgestellten Bücher sind auch als eBook erhältlich.

G|U

Mehr von GU auf **www.gu.de** und **facebook.com/gu.verlag**

Impressum

Projektleitung: Elke Sieferer
Lektorat: Kathrin Gritschneder
Mitarbeit am Text:
Anna Cavelius
Korrektorat: Jutta Weikmann
Layout und Umschlaggestaltung: independent Medien-Design, Horst Moser, München
Herstellung: Petra Roth
Satz: Longo AG, Bozen
Reproduktion: Longo AG, Bozen
Druck und Bindung: F+W Druck- und Mediencenter, Kienberg
Printed in Germany

2. Auflage 2019
ISBN 978-3-8338-7234-1

Die GU-Homepage finden Sie im Internet unter www.gu.de

Die Fotografinnen

Maria Grossmann und **Monika Schürle** arbeiten seit Jahren erfolgreich zusammen in den Bereichen Food, Stilllife und Interieur in Hamburg und Berlin. Zu ihren Auftraggebern gehören namhafte Verlage, Agenturen und Redaktionen im In- und Ausland. Für dieses Buch mit im Team: Foodstylist **Lukas Grossmann**.

Weitere Fotos:
Getty Images: Cover (Rezeptfotos); Istockphoto: Cover, vordere Innenklappe und S. 2 (weißer Teller und Hintergrund), S. 2/3 (Hintergrund); Privat: hintere Außenklappe und S. 4; Shutterstock: Cover (Icon Uhr), hintere Innenklappe (komplett), S. 9, 10, 11, 19, 21, 23, 24 und 25

Syndication:
www.seasons.agency

Titelrezepte

Zwei-Bohnen-Chili (S. 68), Asiatischer Spinatsalat mit Ei (S. 108) und Mediterrane Hähnchenpfanne (S. 98)

Wichtiger Hinweis

Die Gedanken, Methoden und Anregungen in diesem Buch stellen die Meinung bzw. Erfahrung des Autors dar. Sie wurden von ihm nach bestem Wissen erstellt und mit größtmöglicher Sorgfalt geprüft. Sie bieten jedoch keinen Ersatz für persönlichen kompetenten medizinischen Rat. Jede Leserin, jeder Leser ist für das eigene Tun und Lassen weiterhin selbst verantwortlich. Weder Autor noch Verlag können für eventuelle Nachteile und Schäden, die aus den im Buch gegebenen praktischen Hinweisen resultieren, eine Haftung übernehmen.

Backofenhinweis

Die Backzeiten können je nach Herd variieren. Die Temperaturangaben in unseren Rezepten beziehen sich auf das Backen im Elektroherd mit Ober- und Unterhitze und können bei Gasherden oder Backen mit Umluft abweichen. Details entnehmen Sie bitte der Gebrauchsanweisung Ihres Herds.

Umwelthinweis

Dieses Buch ist auf PEFC-zertifiziertem Papier aus nachhaltiger Waldwirtschaft gedruckt.

Dank des Autors

Ich danke meinem tollem Team für die Spitzenleistungen im medicum Hamburg und die wunderbaren Rezepte für dieses Buch.

www.facebook.com/gu.verlag

QUALITÄTS G|U GARANTIE

LIEBE LESERINNEN UND LESER,
wir wollen Ihnen mit diesem Buch Informationen und Anregungen geben, um Ihnen das Leben zu erleichtern oder Sie zu inspirieren, Neues auszuprobieren. Wir achten bei der Erstellung unserer Bücher auf Aktualität und stellen höchste Ansprüche an Inhalt und Gestaltung. Alle Anleitungen und Rezepte werden von unseren Autoren, jeweils Experten auf ihren Gebieten, gewissenhaft erstellt und von unseren Redakteuren/innen mit größter Sorgfalt ausgewählt und geprüft.

Haben wir Ihre Erwartungen erfüllt? Sind Sie mit diesem Buch und seinen Inhalten zufrieden? Haben Sie weitere Fragen zu diesem Thema? Wir freuen uns auf Ihre Rückmeldung, auf Lob, Kritik und Anregungen, damit wir für Sie immer besser werden können. Und wir freuen uns, wenn Sie diesen Titel weiterempfehlen, in Ihrem Freundeskreis oder bei Ihrem online-Kauf.

Sollten wir Ihre Erwartungen so gar nicht erfüllt haben, tauschen wir Ihnen Ihr Buch jederzeit gegen ein gleichwertiges zum gleichen oder ähnlichen Thema um.

KONTAKT
GRÄFE UND UNZER VERLAG
Leserservice
Postfach 86 03 13
81630 München
E-Mail: leserservice@graefe-und-unzer.de

Telefon: 00800 / 72 37 33 33*
Telefax: 00800 / 50 12 05 44*
Mo-Do: 9.00-17.00 Uhr
Fr: 9.00-16.00 Uhr
(*gebührenfrei in D,A,CH)

GRÄFE UND UNZER

Ein Unternehmen der
GANSKE VERLAGSGRUPPE